当代阅读方法与技巧

王晶　著

吉林大学出版社

·长春·

图书在版编目（CIP）数据

当代阅读方法与技巧 / 王晶著 . -- 长春 : 吉林大学出版社 , 2021.2

ISBN 978-7-5692-7325-0

Ⅰ . ①当… Ⅱ . ①王… Ⅲ . ①读书方法 Ⅳ . ① G792

中国版本图书馆 CIP 数据核字 (2020) 第 200455 号

书　　名　当代阅读方法与技巧
　　　　　DANGDAI YUEDU FANGFA YU JIQIAO

作　　者　王晶　著
策划编辑　黄国彬　黄星
责任编辑　宋睿文
责任校对　杨宁
出版发行　吉林大学出版社
社　　址　长春市人民大街 4059 号
邮政编码　130021
发行电话　0431-89580028/29/21
网　　址　http://www.jlup.com.cn
电子邮箱　jdcbs@jlu.edu.cn
印　　刷　北京虎彩文化传播有限公司
开　　本　787mm×1092mm 1/16
印　　张　14.5
字　　数　200 千字
版　　次　2021 年 5 月 第 1 版
印　　次　2021 年 5 月 第 1 次
书　　号　ISBN 978-7-5692-7325-0
定　　价　78.00 元

本书是中共山东省委党校（山东行政学院）2020 年创新工程科研支撑项目成果。

项目名称：当代阅读方法与技巧研究

前 言

通俗地讲，阅读学是关于阅读的学问，是对阅读物了解、规划、欣赏、思考、总结、记忆等过程的研究。

阅读，一般是指对于纸质图书典籍、报刊等图文资料的阅读与欣赏过程。随着时代的发展与科技的进步，人们阅读的图书媒介也随之发生了很大变化，由单纯的纸质媒介发展成为纸质图书、电子图书等多种形式并存。随之带来的是人们的阅读方式方法、阅读习惯等，也都发生了极大的变化。面对“图书”概念、内容的发展与变革，如何去适应这种新的变化，改变旧的阅读习惯，取得正确的阅读方法与技巧，以期获得更多有益的知识与技能，达到欣赏、思考、研究等目的，是当代人无法回避的课题。

关于阅读，自从有了文字以后就开始伴随着人们一起，在人类文明进步的过程中，不断地发展与完善。一个孩子降生到人间，从牙牙学语开始，就在储备着语言的基本能力，为阅读开始做准备。到了上学接受教育的时候，阅读又变成最基础的学习课程。如果不会阅读，在一定程度上就没法进行学习。但是就实际情况而言，大多数人对于阅读的概念是“日用之而不知”，对阅读的逻辑方法与技巧似乎也不是非常清晰；从阅读的定义来看，有学者认为阅读应该属于语言学研究的范畴，要从语言的产生、文字的发展、图书的演变等方面去进行研究，阐述阅读的概念以及阅读的方法与技巧；也有学者把阅读归为图书馆学的内容，要紧紧

围绕图书文献的诞生、发展进程，明确阅读的概念，找出阅读的规律。

信息时代，随着文化、经济、社会、政治的创新与发展，如何重新界定图书的概念，寻找当代图书阅读的方式方法，掌握阅读的基本技能，找出具有规律性的阅读技巧，是本书出版的目的之所在。

本书共六章，由中共山东省委党校（山东行政学院）图书和文化馆的王晶撰写。由于作者掌握的现有阅读学方面资料不足，加之本人水平能力有限，书中多有不妥之处，敬请读者提出宝贵意见。

王 晶

2020 年 3 月 6 日于济南

目　录

第一章

图书的概念

阅读的对象是图书文献，阅读学是关于图书阅读的学问。研究阅读学，离不开图书；图书是阅读学研究的主要内容之一。在了解阅读之前，有必要了解清楚图书的概念。

联合国教科文组织对现代图书的定义是：由国家法定的出版机构按照出版计划对书的内容及封面进行编辑、排版、设计，然后根据国际出版书籍标准书号代码印刷发行，具有著作名称和作者的名字，全书内文页数不低于 49 页的出版物，具有以上要素的纸质印刷品构成现代图书的概念。

第一节 图书的来源

从人类文明发展的历史看，图书的来源在世界各个文明发源地存在着一定的差异性。对于象形文字文明记录者而言，图书来源于图画与书写。中华民族祖先从最早的结绳记事，到后来刻画在陶器上的象形文，刻在龟甲、兽骨上面的甲骨文，直到现代意义的汉字书写，最终都是以象形文字为基础进行书写记事，形成了图书的概念。

以拉丁语系为主的语言，催生了拉丁语系文字的诞生。迄今为止，人类发现最早的书是 5000 年前古埃及人用纸莎草纸所制的书；到了公元 1 世纪时期，希腊和罗马开始用动物的皮来记录皇室历史档案，包括国家的律法、重大历史事件等重要内容，而且以羊皮居多，这就是羊皮书的产生。在古代印刷术发明之前，书的制作过程非常复杂，人力和物力成本都相当高，而且制作时间漫长，保存与传播起来非常不方便，这就导致了书籍在早期的传播过程中，只有极少数人才能进行阅读与收藏。

一、文字的出现为图书的产生提供了基本要素

人类在创造了语言以后，经过不断进化，在生活、劳动、交往等实践活动中，为了便于记忆留存，仰观天文、俯视地上万物之各种现象，逐渐发明了文字。语言、文字的出现使得人类开始进行书写，记录日常生活、劳动的大事件，以及社会、大自然的种种现象，从简单记录开始慢慢增加了记录的内容，于是出现了文字记录的载体，这种记录原始资料的载体就是书籍的雏形。

人类最初的时候是没有文字可以使用的，随着人类语言的进

步，人类进化到用图画交流时期。传说这个时候，仓颉发明了文字。从甲骨文开始，经过金文、大篆、小篆、隶书、楷书等三千多年的发展，形成现在的文字。东汉以前，书籍基本都是用竹子和锦帛等做的，自从蔡伦发明了纸以后，人类就开始使用纸张制作书籍。一般意义上书籍的含义指的是狭义图书的概念，而将图画、档案资料等排除在外。广义上的图书是指一切刻有文字或图像的东西，包括具备声音、图像等现代意义的电子图书。古代书籍的概念大致可以从以下几个方面进行阐释：一是在书籍的内容方面，具有一定的知识性、思想性、实用性等；二是在外在形式上，书籍的制作必须考虑到方便阅读，便于携带，或卷或册；三是在用材上考虑书写、刻录的方便，等等。根据这些标准，我们不难看出，中国最早的古代书籍应该是出现于公元前 8 世纪周代的简册。这种简册由竹子或者木片削制而成，然后人们将文字书写、刻录在这些竹木片上，用丝绳串联成册，这样一册册的书籍就制作完成了。另外，与简册同时出现的帛书，就是将文字书写在丝帛上，也是古代书籍的一种重要形式。

虽然我国从汉代开始出现纸制书籍，但因当时手工制作工艺复杂，导致产量有限，很难大规模应用，所以在很长一段时间内人们还是习惯利用竹简制作书籍。纸的发明与应用，在实际运用过程中是不同步的，由于当时制作工艺以及普及推广等原因，人们在蔡伦制造出比较好的纸张后，才开始认识到使用纸张制作书籍的好处。直到晋代，随着纸张制造水平的提高，纸质书籍才逐渐完全取代了简册。

公元 404 年，东晋桓玄帝时期，社会经济得到进一步发展，人们对于书籍的需求量不断加大，面对读书人与收藏者的需求，书籍的制作与销售开始出现紧张的情况。在大臣们的建议和民间书籍爱好者的推动下，桓玄帝审时度势，针对当时纸业发展的状

况，决定对传统制书工艺进行改进，不再使用竹简、木牍等制作书籍，下令今后全部改用纸张生产书籍。从纸张发明到真正全面利用纸张制作书籍，这个过程不是一朝一夕完成的，而是在不断实践完善的过程中，达到一定程度，才实现了这种根本的转变。当时之所以能够实现“废简用纸”，一是纸张质量在蔡伦改造以后逐步提高达到一定标准，得到人们的认可；二是纸张生产数量能够满足制作书籍的需要；三是利用纸张制作书籍的工艺越来越成熟，印刷技术不断进步，做到物美价廉、经济适用，得到制书人与读书人的认可。

值得一提的是，蒙恬对于毛笔的发明以及墨的成熟运用，为纸质书写带来了极大的方便，书写速度也比原来使用书简要快，这些有利因素是人们大量使用纸张制作书籍的一个重要原因。随着笔墨的进一步改进与完善，使得中国的文字向着简化、工整、规范化过渡，人们开始在原来制作书籍技术的基础上，推进书籍的印刷工艺。纵观书籍印刷的历史，我们会发现，在社会不断发展和进步的情况下，随着经济的繁荣，人们对于书籍的要求进一步提高，书籍制造者与读书人希望有一种更好的书籍形式出现，这就促使书籍生产者加速进行纸质印刷书籍的开发与研制，在原来雕刻、制版、拓印以及丝物印刷的基础上，逐步完善纸质书籍的印刷技术，最终在隋唐时期，我国的印刷技术已经达到了可以普及的水平。竹简书及其制作的工艺，开始退出书籍发展的历史舞台。

起初，纸质书籍也如同锦帛那样只是用卷轴卷起来。唐代时，因卷轴书籍携带不便，开始出现册页形式的书籍，之后又陆续出现包背装、线装等形式的书籍。明清之际，线装书逐渐成为书籍的普遍形式。15 世纪中叶，德国人古登堡发明金属活字印刷术，大大加快了印刷速度，现代装订形式的书籍开始出现，并首次实

现了大规模流行。

二、图书是人类文明发展的产物

图书的发展，是人类社会发展的需要，是人类文明发展的必然产物。书籍在形成发展的过程中，除了政治功能，人类交往过程中非常实用的商业行为等，也极大地促进了文字、文书的发展。图书的萌芽其实是在人类生存、交往过程中产生的记事、书信、盟书、合约等最基本的文书版本。也可以认为，人类社会发展到一定程度，日常记录的大事件，就是图书的萌芽形态；到了原始社会末期，奴隶制开始出现以后，奴隶主大大提高了文字记录的需求与地位，人类社会的文明程度需要进一步完善与发展，记录“档案”内容。这种原始的档案文书记录的载体，除了陶器、石鼓等，大多是以甲骨、简牍等形式刻录，形成文字纪要。在记载的内容方面，有国家公务事项、宫廷大事的占卜记录、重大战役、天气情况、星象变化等。《周礼》的记载中，周朝中央政府有一个叫作“天府”的部门，主要任务就是记录并保管政府的档案文书，“掌祖庙之守藏与其禁令”。到了周代，随着国家事务增加，国事家事交迭发生，政务繁忙，出现了至今有文献记载可考的档案样本，保管周朝王室政府档案的机关由祖庙的“守藏室”，开始逐渐转变为机构完善的国家档案库，也就是相当于周王朝的“档案馆”。

统治者为了继承发展自己的事业，开始注重后继者的教育问题。在言传身教的同时，这些历史档案便成为具有很大价值的教材。对国家档案进行整理、归类、总结的过程，就是各种书籍分类形成的过程。利用这些历史教材开始进行奴隶主、贵族阶层的子弟教育，使得这些记录档案成了最原始的“国家教科书”，从

根本上改变了没有文字记录带来的不确定性和不连续性，使国家教育、家族教育变得有条不紊，这是人类文明社会发展进步的重要转折点，也极大地推动了人类社会的进步。

在战国晚期，中国的档案管理得到进一步完善与发展，到了西汉成帝早期，不仅档案文书更加完备，图书的制作与传播也得到了很好的发展，除了国家出现档案与书籍共同发展的局面，民间私人著作也开始大量出现，书籍的概念日渐清晰，教育功能、实用功能等更加突出，特别是比档案功能更加明显的传播功能大大加强。但人们制作图书的手段还仅限于手工抄写、刻录，这样就使书籍在数量和质量上受到很多的限制，无法进行大量的制作与收藏，其传播的对象与渠道，都受到客观条件的制约，无法进行大的发展。

三、图书独立概念的形成

到了西汉成帝年间，刘向父子奉命进行校书，编辑《别录》《七略》之后，中国书籍开始真正脱离档案库的范畴，独立的书籍的概念开始清晰起来。

刘向接受任务后，在大量书籍科目筛选整理的基础上编写了《别录》，是我国最早的图书分类目录。刘向字子政，大约生于公元前 77 年，卒于公元前 6 年，西汉楚国彭城（今江苏徐州）人，先祖为刘邦同父异母的兄弟，出身汉朝宗室。刘向勤于治学，一生卓有成就，是西汉经学家、目录学家、文学家。

刘向之子刘歆，字子骏，是西汉后期著名的学者、儒学大家，堪称古文经学的真正开创者。刘歆深受其父影响，治学严谨有方，不仅在儒学研究上很有成就，而且涉猎广泛，在校勘学、史学研究、天文历法学、诗经等方面都有很高造诣，他编制的《三统历

谱》为后人赞许有加，被认为是世界天文学史上最早的天文年历的雏形。他在其父刘向编纂的《别录》基础上推陈出新，进一步完善提高，终于编成了一部当时非常完整，系统性、综合性兼备的图书分类目录《七略》。《七略》的编辑成书，标志着中国第一部图书分类目录的诞生，具有很大的学术史价值和划时代意义。《七略》计七卷，其中《辑略》为全书的叙录，其余六卷，有《六艺略》《诸子略》《诗赋略》《兵书略》《术数略》《方技略》，将著录的图书分为六个大类，38 种，603 家，13219 卷。《七略》为后人阅读书籍提供了第一个清晰的目录，“辨章学术，考镜源流”，开创了阅读目录的先河，对每种、每类都详细加著小序，并简要说明其学术源流、类别含义等概况，对当时的学术发展可以说是划时代的变革，极大地改进了阅读的方式和方法，对后世的图书阅读、目录学编辑产生了深远的影响，这一著作的诞生堪称中国目录学界的典范之作。

经过前后 20 多年的努力，刘向、刘歆父子孜孜不倦，审慎严密、逻辑规范，圆满地完成了耗时费力的大规模图书整理计划。这次由中央政府出面组织、领导的书籍校对、书目编辑整理工作，是一项史无前例的系统工程，开创了我国图书发展史上的先河。刘歆在长期的编校工作中，结合实践经验，对于图书的阅读方式、图书的详细分类以及书籍的勘误等，发明了一套系统、科学的方法。为了达到“辨章学术，考镜源流”、获得原有真实图书资料面目之目的，在整理书籍的过程中，父子二人在学术上从不闭门造车，而是广泛听取不同意见与建议，在社会上搜集了大量书籍版本，包括一些极难见到的珍奇异本书籍，在此基础上不辞辛劳、精益求精、层层筛选、去伪存真、选定优秀篇目，叙其旨意，写成叙录，也就是后人所称的书籍提要；然后对书籍内容进行认真校对，找出差错，包括书籍名字的确认与审核；最后仔细誊写出

新的版本，共计三万余卷。这些整理归类好的书籍，被收藏于皇家宫廷的天禄阁、石渠阁，这些先秦以来的古籍版本，被国家收藏以后，便是最早的国家图书馆的雏形，也是第一个国家图书馆的概念。国家藏书馆的诞生，不仅为先秦古籍的保存、流传创造了条件，也从此打破了过去图书零散无序、民间阅读困难的现象。刘向、刘歆父子开展的这项前无古人的浩大图书整理工程，打破了原来图书管理收藏由官府长期垄断的局面，是个划时代的变革，自此民间读书与收藏的局面发生了质的变化，图书的阅读通道大开，阅读环境得到很好的改善。刘向、刘歆父子在图书发展史上，做出了重大成绩。特别是在书籍整理过程中发明创造的校对、勘误、辨别真伪、考证历史等具体方法，开创了古典书籍的新学风，为人们更好地阅读各类书籍打开了方便之门。

可以说，刘向、刘歆父子的《别录》《七略》，把原来散佚、无序、杂乱的图书进行归类整理后，使人们对于图书的概念更加清晰，阅读起来更加方便，其中也体现了很多阅读的方式、方法与技巧，同时极大地促进了图书的创作与书籍制作的发展。

第二节　图书的发展

在中国古代，人们曾对图书下过不同的定义，包括一些世界文明古国对于图书的定义，也都是在社会发展中不断扩展、不断完善的。《尚书·序疏》从图书的内容方面进行概括，就有“百氏六家，总曰书也”的说法；《说文解字·序》中指出：“著于竹帛谓之书”，显然是从图书形式上出发得出的概念。这些结论与表述，都是在当时历史条件下总结得出的图书概念。事实上，图书的概念无论从内容上还是形式上，都是在特定历史与环境条

件下，有着其根本内容与形式特征。

一、古代图书的分类

在西汉刘向、刘歆父子主导编注《别录》《七略》以后，中国古代图书第一次完成了基本的分类。《七略》的核心是对图书分类管理的“七分法”，这个看似简便易懂的图书分类法，是人们对古代图书的查阅、编辑、收藏等必不可少的便捷工具，填补了图书分类研究历史的空白，是中华民族文化文明历史上的里程碑，在人类文化发展史上具有不可替代的学术价值和历史意义。与世界图书分类法的发明相比较，1400 多年以后，德国有个叫吉士纳的学者通过多年的努力，发明了《万象图书分类法》，这是当时欧洲最早的一本关于图书分类的著作。

在东汉时期，班固在《七略》的基础上，进一步发展并完善了我国的图书目录学。东汉时期的班固，是著名的历史学家、文学家，出身于陕西咸阳历史上著名的学者世家，9 岁即跟着祖父学习诗词歌赋，少年时代就有远大的志向，表现出文史方面的才华。16 岁进入太学读书，在老师的指导下虚心学习众家学业长处，兢兢业业博览群书，遍读各家文化经典文献著作，尤其对孔孟的儒家治学方式方法进行深入研究，研习历代历史学说，一时间学问大进，踌躇满志，立志为国为民做出一番事业。

公元 54 年，班固的父亲班彪去世，班固为尽守孝道离开洛阳，回到老家居住，开始潜心研究学问。回到老家以后，班固开始整理祖上留下来的大量文献书籍，思考如何利用家藏丰富的图书资料，继续著书立说。其父班彪所著的《史记后传》有待继续书写完善，班固与弟弟班超反复商议后决定在此基础上，撰写一部完整的《汉书》。在漫长的写作过程中，班固与班超在学术上

日夜讨论，互相补充，书稿取得了很大进展。后来班超投笔从戎，班固仍然在家继续研究历史，孜孜不倦地编纂《汉书》的书稿，前前后后修改了不知多少遍，查阅、核查了多少历史资料，用了二十多年的时间才初步完成这部呕心沥血、历尽艰辛换来的《汉书》书稿。其间，班固曾被人举报私修官史，被朝廷缉拿审讯。多亏弟弟班超鼎力相救，终于获得朝廷支持，被官方批准继续编纂《汉书》。

在汉和帝永元期间，班固受到大将军窦宪的赏识，随军出征与匈奴北单于作战，平时参议、谋划军机大事，大获全胜之时受命即兴写下了千古传诵的《封燕然山铭》。遗憾的是，后来因为窦宪擅权案件被株连下狱，在 61 岁的时候死于狱中。

班固作为一个文学家、历史学家，心怀报国之心，在花费二十多年心血写完《汉书》以后，不顾个人安危，随军征战沙场，虽然立下不少功绩，可惜最后还是死在了牢狱之中。但是班固的一生，作为史学家的主要成就是在我国著名的历史学家司马迁的《史记》以后，开创了一个撰写纪传体断代史的新体例，书籍内容从汉高祖刘邦开国写起，直到王莽时期一共二百三十多年的跨度。与《史记》《后汉书》《三国志》相比较，《汉书》文字逻辑严谨，行文不拖泥带水，叙事不偏不倚、恰当准确，在话语间体现其善恶分明、寓意深刻的特点，写作风格行云流水、不留牵强附会的痕迹，形象地描绘了大汉时期繁荣昌盛、气度恢宏的历史景象，时代感油然而生，所描写的人物个性突出、形象饱满，体现了班固深厚的文学功底与真知灼见的历史学识。从班固《两都赋》的文采不难看出，作为“汉赋四大家”的辞赋家，他对于古籍的阅读与研究，其成就是常人难以想象和不可企及的。正因为班固的文章辞赋写得好，在编写《汉书》的时候就显得得心应手、相得益彰，以至出现了历史上从来未有的创新体例。

《汉书·艺文志》，简称《汉志》，是《汉书》十志之一，也是我国现存最早的目录学文献。这部最早的系统性书目，属于史志类书目。该书作者班固根据刘歆的《七略》进行增删，保存《六艺》《诸子》《方技》等六略，按照38种体系进行分类，另外单独形成《辑略》作为总序置于志首，叙述了先秦学术思想源流考据、来龙去脉。其中删去兵书十家，增加了《七略》完成后的刘向、扬雄、杜林三家在西汉末年所写成的著作。全书总共著录图书38种，509家，13269卷。

尽管历代图书分类法不断发展，但是纵观我国古代图书整理、分类、校对的研究历史，刘向、刘歆父子的《别录》《七略》的“七分法”为我国目录学的发展奠定了坚实的理论基础，这种方法虽然几经演变，但是其核心内容通过继承与发展，学风一脉相承、源远流长，到了清代以“经史子集”分类法为代表的《四库全书总目》，虽然在表现形式上不尽一致，但是大的原则、方法与体系并没有改变，这是历史的选择，也是历史的经验总结。

在中国历史上，不断有新的书籍出现，或编或著，对中华民族文化的丰富、完善与发展起到了不可替代的作用。唐诗、宋词的繁荣，以及关于这些书籍的刊印发行与收藏，都在中华文化发展的历史上留下了璀璨的珍贵遗产。

英国的《不列颠百科全书》对于中国的文化观念有着清晰的定义，在“百科全书”条目的解释中，把中国明代编辑的大型类书《永乐大典》，称之为“世界有史以来最大的百科全书”。《永乐大典》与法国狄德罗编纂的百科全书和英国的《大英百科全书》相比，要早三百多年。《永乐大典》内容丰富多彩，主要是14世纪以前文史哲、宗教、占卜、艺术、天文地理、医术等我国优秀文化遗产的精华荟萃，已经成了中国文化的一个重要标志。

明代的永乐元年（1403年），朱棣决心修一部巨著彰显国

威，造福万代。宗旨是不限内容，广辟书目，“凡书契以来经史子集百家之书，至于天文、地志、阴阳、医卜、僧道、技艺之言，各辑为一书”。一开始由解缙主持编纂，组织了147人的编修队伍，一年的时间就修成《文献大成》。但朱棣亲阅后感到没有达到起初的要求，甚为不满，便再次下令钦点姚广孝担任监修，把编纂队伍扩大到了三千多人，终于在永乐五年（1407年）定稿，朱棣阅后感到比较满意，然后亲自作序并赐名《永乐大典》。《永乐大典》收集的古代典籍十分丰富，达到近8000种图书，仅书籍目录就有60卷，全书大约3.7亿字，22877卷，合计11095册。到了永乐六年（1408年），《永乐大典》全书才抄写完毕。《永乐大典》正本不知何因丢失后，大典副本也惨遭浩劫，大多毁于火灾和战乱，也有相当一部分被后人以修书之名窃走，现今仅存八百余卷且散落于世界各地。

《永乐大典》开本宏大、气度不凡，有一种天然的气度显现出来，即使用现代的眼光来看，也不得不说古人的编辑制书的智慧、工艺，非常值得我们进行认真研究和学习。《永乐大典》一册高度约为50厘米，宽度为30厘米，内容为50个页码左右，纸张采用色如雪花、厚重大气的树皮纸，显得美观、大气、规整，给人一种扑面而来的书香意境。外包装利用上好的宣纸进行层层装裱，然后在最外面包上一层黄绢丝绸，凸显了皇家气派。

可以想象，如此规格的《永乐大典》，一万多册，如果摆在巨大的书架上，一排排陈列，如何查阅书目、检索里面的内容，显然是一个非常复杂的工程。

比如《大英百科全书》的编排出版，花费了很长时间研究如何进行内容排序的问题。一方面需要方便检索查阅，另一方面又要考虑作品的大小分类符合逻辑规范，不能生搬硬套地进行排列组合，最终是按照26个英文字母进行排列组合，比较合理地解决了编目索引问题。对于规模宏大的《永乐大典》来说，想要排列组合成一系列的整体结构，实在是件不容易做到的事情。最终编纂者们开动脑筋，集思广益，研究出来“用韵以统字，用字以系事”的编排方法，解决了《永乐大典》的书目索引编排、内容查阅等问题。

《永乐大典》的编纂者们根据文献中出现的语词来确定条目，就是在所有编辑的文章中找出一条出现这个关键词的段落，甚至对出现关键词的整部书籍一一进行登记，标明出自哪个作者、哪篇文章，哪一部哪一册，这样就可以让人们清清楚楚地查阅到想阅读的书籍文献。这种对于图书典籍的分类做法，看上去虽然比较复杂，实际上运用起来只要养成查阅的习惯就可以达到阅读的目的。

《永乐大典》记载内容的通行规则是用一行的大字墨书辞目，用双行小字朱笔记载作者和书名，墨笔记载书中的篇名和内容。韵字方面，《永乐大典》裁选的典籍或文章，一般都列在辞目下面。但根据具体情况，有些也列在标目字的下面。比如图版中的标目字“昭”的下面，就把《左传》中关于鲁昭公一节的记载全部列在下面，一共列出了好几卷。对古音古字的处理，《永乐大典》在检索字的下面首先要注明该字在《洪武正韵》中的音韵和最早的出处、训释，还要标明篆、隶、行、草、楷等各种书体和异体字，内容十分丰富。

从外观上看，《永乐大典》书衣正面的左上方，粘有一个长方形的书签，框内题“永乐大典”四字，字下方还有双行小字，说明这册书的卷数。书衣正面的右上方还粘有一个框，里面用墨笔题写这一册所属的韵目，再低一字则注明这一册是该韵目的第几册。如果根据当时通用的《洪武正韵》的话，按图索骥，就能十分方便地从一万多册《永乐大典》中检索到自己需要的内容。

在行格上也非常讲究，翻开《永乐大典》书衣，就是卷端，也就是正文的第一页。

在抄写的过程中，《永乐大典》的全部内容都是手工完成的，采用朱笔和墨笔进行书写，朱笔大都是用来书写作者的名字、书籍的名称，描绘书籍的边栏、分界、间行等；墨笔是用来写书籍正文内容、插图、韵目、卷数等。就连书籍里面的圈点也是非常有讲究的，都是用空心的竹子、芦苇或者专门刻挖成小圆孔的骨头、玉石笔管，然后像盖印章一样蘸着朱砂印泥盖上的，加上手工绘制的红色边栏，四周的边界都是采用双边手绘，上下的界行同样采用“朱丝栏”把书籍的每半页分隔成八行字数，在书页版心中间，上、下都各自画着如同“象鼻”的长线，中间还加上一个鱼尾纹，在上面写了书籍名称、卷数，下面写页数。看完了一页《永乐大典》里的内容，不用阅读，光看文字画面就会觉着像是在欣赏一件珍贵的艺术品。

《永乐大典》边栏界行粗细均匀，全书的三亿七千多万字，全部是手工一笔一画用明代官家御用的漂亮小楷抄写完成的，虽然属于常见的馆阁体，但看起来仍然是笔法熟练、字字娟秀端庄，令人赏心悦目。在插图的绘画手法上采用白描的艺术手法，无论是锦绣山川、江河大地、繁华的城郭乡村、栩栩如生的人物、名贵的艺术品等等，都画得神态逼真，呼之欲出，具有极高的艺术价值，堪称古代文明记录的百科全书。

清代著名大学问家纪昀喜欢读书写杂记，写了一本《阅微草堂笔记》。在这本书里面，有一篇笔记专门记载了自己为了编辑《四库全书》寻找资料，非常惊奇地发现在《永乐大典》里面，竟然记载了从元朝就已经失传的“神臂弓”的图画以及如何使用等详细内容。这个“神臂弓”原来是宋朝发明的秘密武器，由于重力作用，使用的时候需要放在地面上装上箭头，然后扣动扳机就可以射穿三百步以外敌人穿在身上的防护铁甲，堪称冷兵器时代的“重型武器”，后来不知什么原因，大约在元世祖那个年代这种威力极大的宋代兵器就失传了。然而在明朝《永乐大典》却有着完整的记载，实在难能可贵。

《永乐大典》涉及古代著名文献典籍近八千种，历代编辑的《艺文类聚》《太平御览》《册府元龟》等书籍收录的书目还不到两千种，在明代之前几乎所有能够载录的书籍文献资料，都在《永乐大典》中得到了保存与刊载。

清代以安徽学政朱筠为代表的一些学者，就是在《永乐大典》的基础上，根据所载书目进行逐一甄别校对，发现了很多遗失或即将消亡的书籍文献，进行了及时抢救与补录，在清高宗的支持下，于 1773 年还专门成立了散佚书籍的“办事处”，汇集学者 39 人总共校勘书籍 385 种，4946 卷。

其中抢救出来的重要文献有：西晋杜预的《春秋释例》、唐林宝的《元和姓纂》、北宋薛居正的《旧五代史》、南宋李心传的《建炎以来系年要录》；宋代医学名著《苏沈良方》《博济方》《伤寒微旨》等都是亡佚已久的秘籍等。

《永乐大典》所载的书籍尤以宋元时期的著作居多，也最为珍贵，除了比较丰富的儒家著作、历史典籍等，还收录编辑了很多地方志略、医学典籍、小说传记、道家佛家典籍以及方技等不为人知的大量书籍。但随着时间推移，在明代整理《文渊阁书目》的时候，里面剩下的书目差不多还有原来的三分之一；到了清代编辑《四库全书》的时候，所刊录的书籍文献的书目还剩下不到五分之一。出现这种可怜、危险的局面，原因很多，好在清代的学者们进行了及时抢救，否则我们后人再也无缘看到这些书籍的真面目了。

特别值得一提的是，历史上中国的道教在元朝经历了一场

前所未有的劫难，元朝的统治者大肆烧毁道教经典书籍，捣毁道观，一时间风声鹤唳，道家文化进入黑暗时刻。到了明代编辑《永乐大典》的时候，道教方面的典籍比之宋代还剩下不到三分之一的文本。针对这些现象，清代的大批学者根据《永乐大典》的记载投入到对于这些遭到毁灭或者即将遗失的文献资料的抢救工作中，使得宋元时期大量珍贵的文献书籍被保存下来。

清朝编撰的《四库全书》比起明朝的《永乐大典》，无论是在编撰的内容上面，还是体裁选择、编排方法上，都有很大差别。

一是在出书年代上，比之《永乐大典》已经过去三百多年的时间，在收录的内容上增加了这期间的好多著作，可以说基本囊括了中国古代历史上所有能够搜集到的图书，从“全书”的命名也可以看出，编辑者的目标定位是在尽可能地扩大书籍的内容。成书时达到 8 亿字，类别共计 3500 多种，近 8 万卷。

二是在编排的类别上，按照经、史、子、集四个书库进行排序，也就是以“四库”进行分门别类的编排，可以说是“七分法”的翻版，编辑分类的实质仍然是一致的，比之《永乐大典》的编排要清晰明了，进行阅读、查询的时候更加方便；这就使得《四库全书》在书目编排、分类上显得比较简洁，具有一定的系统性。

三是在编辑队伍的安排上，人员众多、规格甚高。从清乾隆三十八年（1773 年）二月开始，朝廷特别成立了专门负责《四库全书》编纂的“四库全书馆”机构，名誉主持人是乾隆皇帝，由乾隆皇帝的第六个儿子永瑢全权负责具体事务。汇集了像纪昀、于敏中这样的高官、学者 360 多人，进行誊写的文人学士达 3800 多人，时间跨度超过十几年。其间几经斟酌筛选，在浩如烟海的古典书籍中挑选、校对、勘误、收录、誊写，然后分别进行收藏和保管，堪称亘古未有的世纪文化工程。

四是在书籍征集上广开渠道，除了在《永乐大典》中筛选书目，朝廷所有藏书都被列入备选书目之中，同时发挥民间藏书者的积极性，大力开展民间献书活动，从征集的 13501 种图书挑选出 3461 种具有较大价值的书目，进行详细梳理，登记记录。这些筛选以后的书籍分为“着录书”及“存目书”。顾名思义“存目书”就是保存书籍目录以及书籍主要内容，不再进行全部内容的抄写；“着录书”就是具有刊刻保存价值的书目，需要进行考据、校对、整理出完整书稿，详细誊写留存样本。按特定格式重新抄写存入的样本誊写完成后，还要与原本反复校勘。民间献书最多的鲍士恭、范懋柱、汪启叔、马裕四家赐以内府所印《古今图书集成》一部。当时乾隆还规定，凡从坊肆来的，应该付给一定的费用；若是家藏图书，则装裱印刷；如未曾刊刻，则抄本存留。

对于《四库全书》的编纂工程，学者历来评价不一。

一是认为清政府时期大搞“文字狱”，几代皇帝连绵不断，小题大做，读书人稍有不慎即有杀身之祸。所谓编纂《四库全书》名义上是为了保护书籍，防止古籍丢失，实际上无非是为了达到“寓禁于征”的目的，借此把反清的书籍一网打尽，该烧的烧、该毁的毁、该篡改的改，特别是对于具有文人风骨、反清意识的黄宗羲、吕留良、顾炎武等一些名人的著作，大肆诋毁、镇压、打击。相反，一些诸如献媚清朝政府的汤斌等文人的作品，则受到热捧，得到格外的照顾。在编排顺序上，刻意注重宣扬儒家的著作，有着浓厚的“抑商轻工厌科排艺”的思想观念。对于西方的科学技术著作刻意回避，甚至视为异端邪说、洪水猛兽，一概打入冷宫。就连医术、算科、农桑等著作也收录得很少。对于反思批评、具有民主自由色彩的书籍文献，特别是批判儒家思想的观点极力排斥；对于元曲、通俗小说、话本传奇之类的作品，认为是不入流的东西，打入另册。

另一种观点则认为，清代的《四库全书》的编纂工作具有划

时代的历史意义，是一项中国前所未有的古籍文化遗产保护工程，从汉代《汉书·艺文志》，隋代《隋书·经籍志》，包括唐宋时期的大型类书汇编，直至明代《永乐大典》等典籍的修复与编撰，都是中华民族文化系统工程的延续与创新，这种一脉相承的文化活动，对于人类文明的进步与发展做出了重大贡献。这项闻名于全世界的《四库全书》编纂壮举，浩大烦琐，历时 13 年，众多文人学士夜以继日、孜孜不倦、不厌其烦地深耕于中华民族文化的沃土，这不仅是清政府的官方行为，更是中华民族文化伟大继承者、复兴者的希望与寄托，《四库全书》经史子集，亘古未有，贵在“全”字，实至名归。

这次整理编纂的内容，从上古文化的传说到历朝历代的文化典籍，全部进入梳理、校勘的范围，继承发扬光大了中国的书籍目录学，史料翔实、内容丰富，一大批孤本、珍本以及面临丢失亡佚的古书得到修复拯救，确立了社会文化活动以汉学为主导，中华民族传统文化正统、完备、系统、不可撼动的地位。

对中国历代的典籍，进行了成功的整理和总结，保存了一大批重要的典籍和丰富的文献资料，开创了中国书目学，确立了汉学在社会文化中的主导地位，具有无与伦比的史料价值、文献价值、文物价值与版本价值，成为中华传统文化最丰富最完备的集大成之作，是国家正统、民族根基的象征和无价的传国之宝。

《四库全书》成书后大约 8 亿字，由 3800 名学士握着毛笔、研墨，无论寒暑，不舍昼夜，蘸着墨汁用工整的小楷抄写了 7 部，共计 56 亿字。

为了收藏保存抄好的《四库全书》，清政府早就建好了收藏这些典籍的“七大阁”，类似于国家档案馆或民间的藏书楼。位于紫禁城的文渊阁、辽宁沈阳的文溯阁、圆明园的文渊阁、河北承德的文津阁，这四阁位于长江以北的北方，后人称之为“北四阁”。位于长江以南的扬州文汇阁、镇江文宗阁、杭州文澜阁，被称为“南三阁”。为了图书的收藏建造南北七阁，以官方图书馆的形式进行图书收藏，大力倡导读书藏书文化，对传统文化的继承与发展，具有重大意义。

这七部人工抄写的《四库全书》，保管珍藏在南北七大藏书阁里面，见证着中华民族浩如烟海、波澜壮阔、跌宕起伏的文化历史。

二、图书分类的发展

关于图书的概念有着不同的定义方法，有狭义与广义之分。

图书就狭义而言，简单地说就是由作者创作、具有一定数量的文字组成装订成册的阅读物。这里面有几个要素，一是有作者，由作者进行创作或者编写的具有可读性的内容；二是具有一定的文字数量，这个文字数量其实没有具体的规定，据目前世界上出版的图书情况看，文字数量最少的书籍是多少字？没有一个量化的标准。所以说这个一定数量的文字是个变量。

事实上，一些儿童读物，比如看图说话本，或者大家比较熟悉的儿童连环画读本，或者图画书，由于内容是图文并茂的，里面的文字不多，但这种出版物仍然是图书的概念。包括由各种画作为内容的出版物，显然也属于图书的概念。

图书从广义上讲，则是指所有的出版物，包括传统的纸质出版物、现代的电子出版物，具体分为传统的纸质书籍、期刊、报纸、声像光盘（磁盘）、胶片（卷）、电子云读物等；古代的碑文拓片、甲骨文、竹简书、木牍书、帛书、手抄本（纸、丝绢、卷轴）等内容。古代的档案记录资料、佛经包含在书籍之内，现在的档案资料已经另列门类，一些技术标准、科技报告、视听资料等仍被视为图书文献的内容。

对于书籍，从古至今在内容上一般具有以下几个要素：

第一，具有文字语言记录的符号、声像信号、图画轨迹；

第二，具有一定的知识、信息含量，具有人文传播价值；

第三，具有知识信息价值内容的介质载体，比如纸张、磁盘、芯片、竹片、木片、丝帛、瓦片、泥板、青铜器等物质、网络载体；

第四，具有作者创作、编著的蓝本原稿，具备出版、制作的基本条件。

总体来看，图书是人类文明传播的最重要载体，是人类进步发展的阶梯与纽带。

随着社会的发展与进步，图书的内容与种类越来越多。在进入信息时代以后，图书的种类更加日新月异，成几何倍数增加。一般情况下，西方国家大多按照杜威十进制的方法对图书进行分类，我国大多按照“中图分类法”进行检索分类。传统书籍分类的方法比较简单，一般按照书籍内容、学科逻辑进行分类，比如词典类、文学类、哲学类、历史类、计算机类、数学类、物理类、化学类、生物技术类、建筑工程类、农业类、水利类、林业类等。

在信息时代来临的今天，人们习惯于把书籍分为纸质图书与电子图书。

但是不管按照什么方式对图书进行分类，其根本目的是方便读者阅读，方便读者进行有效检索，方便图书的管理与收藏。在这些方面，我国的图书馆学界做过很多有益的尝试与探索，特别是在杜威分类法，也就是杜威十进分类法引进中国以后，一些学者结合我国图书业实际情况，不断完善与发展了图书分类管理。我国近代文化学者汪应文先生高度重视图书馆的分类编目工作，他认为这是让图书发挥社会作用的重要前提条件。特别是“分编工作是图书馆组织书籍工作中的重要环节，书籍组织得如何，直接决定着读者工作的质量”，必须认认真真地按照编目的流程进行扎实的工作。

也就是说，图书的分类编目工作，为了方便读者阅读与管理，需要进行系统化、科学化和标准化的认定，把采购、收藏的图书文献、报刊等阅读物，按照资料的不同性质、用途、版本、学科进行分别归类，有计划、有目的地排列上架。一般情况下，图书编制的目录分为两种，一是供内部工作使用的公务目录，二是供读者借阅书刊使用的读者目录。目录的内容要在主要条目标注作者，作品的主要内容、特点等，必要时可以增加附加条目。这种做法，就是为了方便读者查询、达到快速浏览阅读的目的。同时给图书馆的图书管理，带来极大的方便。

汪应文先生对中国古代的图书分类方法进行过详细、系统的研究，继承和发展了杜威十进分类法，创造性地提出了关于哲学书籍的分类方法。前后共计撰写有十余种著作，其中重要的论著有：《子部分类管窥》（该文后又附有《中国哲学分类表》）、《游记概述》《欧洲图书分类沿革》《图书分类法史绪论》《档案分类与资料分类》《南充师院图书馆线装书草目》《图书类分准则（草案）》等。在图书分类上，汪应文先生还放眼世界，引进翻译了大量国外的图书分类论文，如《图书分类的技术》等。

图书的分类编辑，归根结底是为了阅读、管理与传承提供方便，中国古代的图书分类思想源远流长，图书的分类方式、方法很多。可以说自从西汉刘向父子开始整理归类校对书籍开始，图书的分类工作，就成为一门专业性很强的学问。随着社会发展与人类文明的进步，书籍种类不断增加，书籍的科目逐渐清晰，学科也发生了很大变化，所以古人对于书籍的分类与检索的方式方法，显然需要不断进行完善与发展。从最初与档案的分离，到刘向父子的《七略》、班固的《汉书·艺文志》、南朝齐王俭的《七

志》、南朝梁阮孝绪的《七录》，直到明朝的《永乐大典》、清朝的《四库全书》，在“七分法”的基础上，最终定格在“经史子集”四分法。但给人的感觉是“四分法”反而模糊了学科的概念，比起刘向父子和班固的分类法，有着逻辑性问题。

“七分法”把众多的书籍根据本身的内容与性质，分为不同的方略，这样既分清了不同书籍的概念，又使得相互之间并列存在，这种书籍的整理归类方法比较简洁清晰，便于查找书目，有利于文献典籍的保管。虽不尽善尽美，但有着一定的科学性。相反，“经史子集”的分类方法，由于指导思想不明确，有很多模糊不清的地方。一是没有区分清楚学术类别。关于子部的内容到底属于什么大类、分属哪个学科，没有一个准确、清晰的概念，存在着内容交叉、各说各有理的局面，其分类的结果也就显然不同。比如诸子各家大多都是讲宇宙观、人生观、世界观，以及政治思想方面的问题，显然属于哲学序列。再就是对于子部的书籍界定不清，有些根本不能归到子部里面，《四库全书总目提要》里面讲到除了六经，其他的内容都属于子部的观点，根本没有现代学科分类的概念，等于强行分类，把本来不属于哲学的强行归于哲学序列，实在是失之偏颇。事实上，在经、史、集之外，古代文献典籍有着很多学科著作，用现在的学科观点看，这种分类显然太粗放了，会给查阅带来极大的不便。

三、现代图书的发展趋势

进入信息时代以后的今天，从内容上看，图书的性质几乎没有脱离原有传统图书的概念；但是人们对于图书的认识已经发生了根本性的变化。

纵观图书发展的历史，书籍最初的产生是通过原始的方法完成的，无论是在东方还是西方，抄写复制都是由人类手工完成的，其材料成本与人工费用都相当高。在中国清朝《四库全书》完成之前，书籍对于大多数人包括读书人来讲，都是珍贵而稀缺的，大部分书籍都在当局府库之内，或者存储于少数收藏者的藏书楼里面。在西方社会，中世纪时期只有少数的教会、大学、贵族和政府，有着比较丰富的书籍。随着纸张制造业的日渐成熟与繁荣，印刷技术进一步得到发展；随着活字印刷术的发明创造，铅字活字的出现，特别是在 15 世纪德国人发明了现代机械技术为核心的印刷机以后，书籍的制作成本，特别是印刷成本大幅下降，印刷速度加快使得书籍的印刷量逐渐增加，社会上人们对于书籍的阅读越来越方便，书籍开始进入普通大众家庭，人类文化的发展进入了一个新时代。

在现代社会发展中，由于电子技术的日益成熟，通信网络的功能逐渐强大，人们可以非常方便地利用网络进行阅读。随着存储于云端的电子书籍、流媒体、移动媒体中电子书籍的日渐丰富，图书已经摆脱了传统制作的束缚，包括纸张、印刷等局限，使得现代书籍的概念已经超出了传统书籍的含义。特别是电子书，因其阅读方便、视听兼备、容量巨大、便于携带、生产速度快，可以进行大规模批量生产等，发展迅速；相比之下，作为纸质图书的传统阅读物是一个静态的、容量相对有限的载体，虽然不可能很快地被完全取代，但传统图书面临着的巨大挑战，也是显而易见的。

图书分类的进程，随着时代的发展而逐步完善。五四新文化运动爆发以后，西方发达国家图书馆的概念进入中国，特别是具有公共性质的图书馆，使得广大民众增加了读书的机会，让全社会开始关注图书馆的建设事业，以期带动中国的文化教育事业走向普通大众。在大力兴办图书馆的过程中，由于急需图书馆以及

图书馆学方面的人才，中国开始举办图书馆教育专业的学校，培养了一批急需的管理人才，一批图书馆学方面的学者涌现出来，开始学习引进先进国家的图书馆管理经验，在图书分类研究的时候，参照杜威十进分类法开始了我国的书目编辑与研究工作。这一时期，图书馆以及图书馆学在我国得到较快发展，这对于促进中华民族文化的发展、提高人们的阅读兴趣与水平起到了极大的推动作用。一批图书馆学专家与学者开始成长起来，结合古代与外国的经验，对中国的图书、图书馆学、图书馆建设事业进行广泛深入的研究，逐渐形成了一套适合于我国现代书籍与古代文献书籍分类的具体办法。杜威十进分类法优点突出，主要是覆盖面广、弹性强、便于记忆、方便操作，适合于大、中、小图书馆应用。但是，随着时代的发展，杜威的十进分类法对于中国图书的分类有着天然的缺陷与不足，需要进行改进与完善。杜威分类法的缺陷在中文图书分类上之所以更加突出，这是因为杜威法是基于西方字母分类的方法，所以在中文书的分类上存在问题，有着先天的不足，特别是在科目分类上，由于对中国古代文献典籍的复杂性、系统性、独特性等缺乏足够的认识与研究，需要进一步完善，避免出现分类不清晰科、目界定不准确的问题。

图书分类总的原则是，主题先行，科学有序，先划分出大的类别，再逐步分类。这样就会主题明确，大类清晰，方便查阅，提高效率；遇到有争议的书籍，可以暂缓处理，作为特殊情况或作为内部书籍、特藏书籍对待；书的主题要明确，不能主观臆断，书名与内容要统一，力争达到文题相符、准确无误。

图书分类既是一项检验知识能力的业务，也是一项技巧性很强的具体工作，不仅要求分类人员知识面广，必须精通图书分类方面的知识，更要做到对自然科学和其他社会科学的基本内容进行学习了解。如果出现新的学科和无类可归的图书，必须认真对

待，充分调动各种储备方法，必要时可查阅工具书进行辨别，或者参考其他分类方法进行编辑、增设分类，力求达到主题与内容、主旨和体例相符合。应该尽量做到图书分类法标准的统一使用，这样既给读者查阅图书提供了方便，也会为图书分类的具体工作者节约大量人力、物力成本与费用。对于一些传统图书类别的划分，也要根据读者的需求进行编辑分类。比如“游记”类图书，要针对体裁不一、年代不同、内容各异、标题繁杂等具体情况，把游记与方志、地方记、人文风物、野史趣闻、民间故事传说等进行分类整理，不然仅靠题目进行主观判断，简单处理，就可能南辕北辙，出现分类偏差。

在20世纪40年代以前，关于书架目录的图书上架管理问题，图书馆界有“卡片说”和“记载说”两种说法。记载说，是指书架目录的内容是对书籍的简略记载，按照书架目录内容的登录排列，必须和书籍在书架上的排列顺序相同；卡片说，则是指图书馆中的每一本书都登记一张卡片，以这一卡片为代表，卡片的排列顺序必须依据书籍在书架上的排列次序为准。对此，后来有学者通过研究，从科学性与实用性出发，不断提出新的见解与方法，认为书架的目录应侧重于书架目录的用途、形式、编制方法。在实际应用中要充分考虑书架目录的用途，注重编制的方法与原则。图书馆使用书架目录的主要目的，是便于记账检录、供分类编辑时参考、便于标著书码时核对、可作为清书的依据、为购书时做参考、作为书籍历史资料、建档与统计上的记载等。

读者使用书架目录主要是做分类目录使用，便于检阅各种书籍，起到事半功倍的效果。

所以在书架目录的编制方法上，要特别注意根据不同情况进行编辑。第一，为使书架目录可做分类目录使用，书架目录著录的内容应该包括页码、著者、书号、书名、出版社、版本、卷册

等项目，同时包括登记编号、价格、来源、进馆日期等。第二，为了方便读者阅读、检索，不同文字的版本应该侧重标注，比如西文书籍的书架目录强调以著者内容为主，中文书籍则侧重以书名为主进行登记。另外，作为书架目录的著录标准，不能教条化地一成不变，应根据实际工作中的具体情况确定。

20 世纪上半叶是我国图书馆学大发展时期，也是图书分类思想日趋活跃、日渐成熟与繁荣发展阶段。据有关资料显示，20 世纪上半叶，我国图书馆、图书行业引进外文文献非常丰富，仅图书分类法就有 23 种；外国图书行业文献分类方面的重要论著引进 20 多部，极大地促进了我国图书馆事业的繁荣与发展。与此同时，我国图书馆行业的学者勇于探索，研究成果日渐成熟，自行编制综合性分类法、专业性分类法、儿童图书馆分类法，包括一些省市图书馆自编的图书分类法，超过了 100 多种，为我国图书事业的繁荣、图书馆事业的发展，推进读者阅读书籍的兴趣，寻求有效的读书方法，积累了宝贵的经验。

关于档案与资料，对人类文化的继承与发展有着不可替代的重要意义，它们的管理与分类对人们的查阅与使用起着重要的作用。

长期以来，人们认为阅读的对象仅限于书籍，这种指导思想显然有失偏颇。人类文明的传承有很多方式，除了书籍这种形式，还有建筑物、艺术品、文物等形式存在。特别是在阅读范畴之内的档案与资料，具有比书籍更加真实、可靠、具体翔实等方面的优势。现在，档案已经作为一门学科被人们进行研究与应用，发挥着不可替代的作用。

资料的范围则十分广泛，是人类文明主要的物质载体，有些资料不仅是图书馆收藏的重要对象，也是好多个人、机构收藏的主要内容，特别是有些资料具有非常重要的科研价值、历史价值、

收藏价值。

一般情况下，资料可分为文字资料、音像资料和实物资料等，比如杂志、报纸、手册、单篇文章、单幅作品、账簿、册页、契据、档案、图画、字画、拓本、地图、各种设计图纸、乐谱等属于文字资料；影片、唱片、录像带、光盘、芯片等属于音像资料；标本模型、瓷器、玉器、制版、古器物等则属于实物资料的范畴。

第三节　图书的模糊时代

随着科技的发展与人类文明的不断进步，图书的内容与外在形态都在日新月异地进行变革与发展。在图书行业，人们从来没有像今天这样面对科技与信息化带来的挑战，一个相对模糊的图书时代已经快速地涌现在时代的潮流中，进而对人们的选择、购买、收藏，阅读习惯、方式与方法带来了划时代的变革。

一、电子出版物的诞生

人类从制造出第一台计算机开始，不仅意味着一个全新的时代的到来，而且逐步改变了整个文化传播的方式方法，乃至社会形态也随之发生了巨大变化。

计算机（computer）俗称电脑，原本只是现代一种用于高速计算的电子计算机器，后来发展到可以进行数值计算，直至可以进行逻辑计算，开发出具有存储、记忆、模拟等智能功能。作为现代化的智能电子设备，现代化的计算机能够按照设计程序运行，自动、高速处理海量数据，是传统计算工具所无法比拟的。计算机由硬件系统和软件系统所组成，一般可分为超级计算机、工业

控制计算机、网络计算机、个人计算机、嵌入式计算机五类；比较先进的计算机得到逐步开发，目前有生物计算机、光子计算机、量子计算机等。

第一台真正意义上的计算机的发明者，一般公认为是著名的数学家约翰·冯·诺依曼，在计算机历史上被称为“计算机之父”。程序内存是诺依曼在计算机设计领域的革命性的创新。计算机的关键是程序设计，包括存储与控制程序。作为美籍的匈牙利数学家，诺依曼见多识广，思路敏捷，在实践中很快发现导致计算机科技进展缓慢的主要原因是存储器与控制指令的脱节，必须进行优化加以解决。为解决这个问题，诺依曼对运算程序进行改革，预先设计在机器的存储器中，不必每个问题都重新编程，这样进行计算的时候，程序设计员只需要在存储器中找到程序下达运算指令，机器就会自行计算得出结果。遵循这一指导思想，大大加快了运算进程，实现了计算机自动运算的真正运行。

1946 年七八月间，诺依曼和戈尔德斯廷、勃克斯在 ENIAC 方案的基础上，为普林斯顿大学高级研究所正在研制的 IAS 计算机，提出了一个更加完善可行的设计方案，这就是《电子计算机逻辑设计初探》报告。这些既有理论高度，又有具体设计、可操作性很强的详细文件，第一次在全世界引起轰动，随即掀起了一股研究“计算机热”的浪潮。这个划时代的综合设计思想指导下诞生的概念，便是著名的“冯·诺依曼机”，其核心技术就是存储程序、指令和数据的兼容，被誉为“计算机发展史上的一个里程碑”。这个划时代里程碑标志着现代电子计算机时代的真正开始，始终指导着以后计算机行业的开发与设计。实践证明了诺依曼的预言是正确的，直到计算机技术非常成熟的今天，逻辑代数的应用仍然是设计电子计算机的重要手段，包括在 EDVAC 中采用的主要逻辑线路，除了对实现逻辑线路的工程方法和逻辑电路

的分析方法做了改进，其核心技术一直沿用至今。

当然，随着当代科技的高速发展，“冯·诺依曼机”的不足之处也开始暴露出来，人们又开始了更加科学的探索，提出了高级计算机——“非冯·诺依曼机”的设想。

特别是从计算机诞生至今70多年的时间里，人类正在以从未有过的速度进入科技高速发展时期。可以说计算机的创造发明，是人类文明社会的一次巨大的、无法想象的历史性飞跃。纵观人类文明发展的历史，每一次伟大的科技发明，都会给社会带来进步，推动整个人类向前迈出新的步伐。相较于20世纪其他的先进发明，比如生物科技、量子理论技术的运用，如果没有计算机的发明运用，其他科技就很难深入下去。计算机强大的计算功能，进一步发展的智能作用，都是其他技术所无法替代的。其运用范围已经深入到几乎所有的社会、自然科学领域；其普及的程度正在不断加快，从个人学习、生活、工作，到一个集团乃至国家，计算机的运用已经高度融合到人们生产、生活的每一个环节。

在中国，计算机的应用也越来越普遍，特别是改革开放以后，随着中国经济的发展，计算机在各个行业的普及率大大提高，用户的数量不断攀升，应用水平、应用技术不断提高，特别是在互联网、通信、金融、新闻出版、多媒体等领域的应用，已经进入非常成熟的行业形态。特别是在图书出版发行、图书馆的管理、阅读方式方法的改变等方面，计算机正在发挥着不可替代的作用。

电子文件的产生，正是随着计算机的诞生发展而来的。当计算机技术逐步完善，开始与通信技术融合以后，在办公和管理领域就开始得到广泛运用。电子文件的科技进步带来了一场划时代的变革，给传统纸质文件带来了巨大挑战，其特点体现在：一是进入数字化生存状态；二是通过网络化高速传递信息。

电子出版物是以计算机存储介质为载体、采用计算机技术检

索的新型出版物。电子出版物可以通过磁盘或光盘进行传播；也可以存储在网络服务器上，通过信息高速公路获取。由于多媒体计算机具有听音乐、看 VCD、播放教育软件、检索资料以及综合处理各种媒体信息等强大功能，以及 CD-ROM 的巨大存储量，使电子出版物的取材非常广泛，文字、图片、影像、声音、动画、音乐以及软件程序，都可以成为电子出版物的具体内容。

简单地说，电子出版物的文字内容没有变化，但是在原有文字、静态图画的基础上，增加了声音、影像功能，使阅读物由原来的静态阅读变成动态欣赏。在图书文献的介质上突破了传统载体的概念，主要是以磁盘、光盘、芯片等新型科技材料为内容的载体介质，然后通过计算机、电子出版物阅读器、手机等终端设备进行阅读、观看。

随着经济的繁荣与整个社会的进步，我国的电子出版事业发展很快。除了电子图书的出版，在网络逐渐完善普及的今天，网络书籍文献、报刊、信息的传播飞速发展，近年出现的移动阅读等新业态，极大地促进了新媒体的快速发展，拥有的读者不断增加。特别是近年来形成的手机出版，以势不可当的优势占据了以青年读者为主的阅读市场。手机出版标志着数字出版的发展进入一个新的时代，是通过手机 APP 软件应用转化为阅读模式的一种出版形式，是传统纸质出版转向新媒体的划时代变革。

二、传统图书面临的挑战

传统图书出版的概念，是出版或发表的意思，即作者的作品获得国际标准书号，通过一定资质的出版机构编辑、印刷、发行书籍产品的过程。国际意义的出版，通常是指将自己的作品向社会公众公开发表、以一种媒介为载体公开展示的过程。作者的作

品内容在完成创作的时候具有著作权，即享受版权保护。

我国关于出版的概念为：编辑、复制作品并向公众发行的活动。作者的作品是进行出版的前提，出版机构的编辑、复制是手段，向社会公众发行、传播是最终目的。

我国原始出版的意思，即把刻板的内容进行印刷的过程，刻板的材料一般为木片、竹片或泥质烧制而成，板与版在古代意义是相通的。

出版是人类社会的经济、政治、文化发展到一定阶段，不断进步的产物，是一种物质与精神兼备的特殊产品。出版的内容是人们生活各个方面、社会实践活动的经验积累，是人类文明历史的结晶。如何正确评价古代出版商的历史作用，如何按照用户要求和市场定位进行考察、研究、选择出版内容，结合现在出版业存在的问题，针对传统刻板、印刷的流程等经营活动，找出经验与不足，这对于今天如何做好出版工作，更好地服务读者，具有借鉴意义。

我国古代出版体系的各个阶层，很早就开始了商业出版活动，特别是具有一定规模的书坊刻书业的迅速发展，为我国古代的书籍出版做出了贡献。这种类似现代行业协会的书坊刻书模式，在市场信息沟通、技术交流、资金拆借等方面相互合作、互相帮助，客户服务意识比较到位，所以其发展规模和手段是一些官刻、私刻无法做到的，在竞争中表现出来很强的生命力，出版的技术、书籍质量、数量都有了很大的提高。图书出版事业的发展，不仅仅代表着书籍市场本身的发展，关键在于传播人类的科学技术知识、先进的思想以及其他社会知识，让人类文明的历史进行传承，使生产力得到有效提高，推动社会文明不断向前进步与发展。

大量的古代出版史料表明，古人的读者服务意识很强，表现了读书人出书惯有的儒商特点，虽然“旨在牟利”，但是却保持

了读书人诚实有信的气节。具体表现在读者市场先行的原则下，千挑百选以后进行认真选题，然后确定出书的品种与类别。书坊刻书通常决定出书的前提是要有读者购买力的支撑，有足够的市场能赚钱牟利，也只有这样经营才能使得书籍市场生生不息达到良性循环。古代书籍出版的种类很多，除了孔孟之学为代表的儒家系列著作、大众正常需要使用的工具书占主导地位外，还有阴阳、八卦等，无所不包，真正体现了书坊刻书体系为读者需求服务的宗旨。

中国图书出版行业源远流长，历史悠久。最早的原始书籍，出现在 3000 多年前的殷商奴隶社会时期；到了春秋战国，已出现了编辑工作。一些儒家经典的传世之作，以及其他一些古文经典，很多都是早期古人编辑整理的结果。在唐代发明雕版印刷术之后，书籍制作得到快速发展，民间私营出版业性质的书籍刻坊开始出现。在宋元时代，朝廷的书籍文献官刻机构——国子监、兴文署等专业机构，设有专门的官员进行管理，下设编辑校勘人员、刻字工人、印刷工人等一应俱全。后来图书出版行业的印书馆、印书局就是在这个基础上发展而来。到了明代的时候，国家出版机构已经初具规模，达到分门别类刻书的标准，像都察院、工部、礼部、兵部等国家机关都兼任自己部门的刻书任务；包括地方上的出版机构，比起宋、元时期的书籍制作都有所进步，各省的布政司、按察司都兼任刻书工作，就连一些府县也开始刊刻书籍和地方志。清代的书籍出版开始出现较大的变化，把官刻书籍集中统一于皇室内府的武英殿管理，改变了明代中央各部门分别出书的办法。

在唐代出现的书籍刻坊，是指由书商所办的手工业刻书出版机构，到宋代日益繁荣，逐渐成为书籍出版的主力军。宋朝鼎盛时期在全国各大城市都有书坊，杭州和建阳发展得最好、

数量最多。元代的时候，书籍的坊刻超过了官刻机构。到了明朝，书籍刻坊更加繁荣，已是遍地开花，普及到全国各地，刻书种类也逐步增加，除了传统的经典书籍，医书、类书、小说、戏曲等品种日益增多。清代的书籍坊刻除了官刻、书商坊刻外，一些读书人或者家境富裕的人家，开始私人出资校刊书籍，这就是新出现的一种私刻现象，也称家刻。这些人眼光独到，选择的书籍多为优秀善本，刻录、校对、纸张、印制等比较讲究，所以出版的书籍质量较高，所制作的产品中出现了不少很有价值、可以传世的“善本书”。

现代机器印刷概念的出现是在鸦片战争以后。随着西方经济、文化的交往增多，书籍的印刷设备进入中国。1843 年，由外国传教士主办的墨海书馆，由新加坡迁到上海。1862 年，由清政府创立的同文馆开始编辑印刷书籍；1868 年，江南制造局翻译馆开业，开始编译各种书籍。随着近代资本主义的萌芽，中国一批私人创办的出版企业相继出现。1897 年商务印书馆成立、1902 年文明书局成立、1912 年中华书局等先后成立，为我国近代图书出版发行做出了贡献。

五四运动以后，随着新文化运动的开展，中国图书出版事业有了更大的发展和突破。由中国共产党领导的出版机构相继成立，1921 年 9 月，人民出版社宣布成立；1923 年 11 月，上海书店成立；1926 年 11 月，长江书店成立；1929 年，华兴书局成立。与此同时，一大批私营出版企业，如雨后春笋般建立起来，像华夏书店、光华书店、开明书店和商务印书馆等，开始进行图书出版活动。中华书局以及共产党领导的生活书店、读书出版社、知识书店等，都在创造条件，积极编辑出版经营各种图书。

据统计，到 1949 年新中国成立，全国公办、私营图书出版社达到 200 多家。新中国成立初期，我国的新华书店兼有出版、

印刷和发行三重任务。针对这种情况，国家进行了改革。1950 年，全国新华书店第二届工作会议召开，会议做出了《关于国营书刊出版印刷发行企业分工专业化与调整公私关系的决定》。从此，我国的出版、印刷、发行各司其职，实行分开管理。

1950 年底，全国共有出版社 211 家；其中，中央级 6 家，地方 21 家，私营 184 家。

1956 年底，经过合营调整，减为 101 家。

改革开放 40 多年来，尤其是在 1978 年以后，随着改革开放的步伐加快，我国经济、文化、社会不断发展与进步，中国的图书出版事业也逐步得到发展壮大，到 1987 年底，全国共有图书出版社 467 家。在图书出版社中兼营音像出版物的有 24 家；专营音像电子出版物的出版社 72 家。据 2018 年年底的统计，全国的出版社共有 585 家。

传统图书出版行业的出版流程非常复杂，一本书的出版，需要经过选题、组稿、编著或翻译，通过审批书号、编辑审读、加工、版面设计，然后进行印刷、发行，要经过许多具体工作环节，还要通过一系列具体的申报程序与审批手续。出版社根据读者市场需求，按照年度计划安排印刷出版任务，长远选题规划一般按照 3 年、5 年、10 年执行，还会根据实际情况确定近期应对临时选题。在确定选题以后，根据选题进行约稿去物色合适的著（译）者，然后按照选题、出版要求与著（译）者签订图书出版的具体合同，包括版权保护、出版时间、版税、字数、页码、码洋、印刷纸张等。著（译）者根据与出版社签订的合同内容，进行写作、编著、翻译等工作。著（译）者完成作品后，也可以自己主动与出版社联系，向不同的出版社推荐想要出版的作品。自荐欲著（译）书稿或自投已写（译）好的稿件。作者、译者最好事先与出版社进行沟通，达成意向后再进行创作。也可以自行选题，创作完成

后与出版社沟通联系出版事宜。向出版社推荐将要出版的作品，需要对作者、译者的本人以及作品的具体情况进行简要介绍，讲明创作的意图与意义。

对于翻译的著作，除了介绍译者情况、翻译作品的价值、原著作的主要内容和特点外，还需要向出版社出具原著作的版权页复印件，提供翻译著作的中译文书目录。出版社根据出版有关规定，结合作者、译者的作品稿件质量，以及读者市场需求，对于著（译）者的自投稿作出是否出版的决定。作者、译者完成著作初稿送至出版社,出版社要由责任编辑对稿件内容进行全面审读。必要时出版社可以聘请相关专家或组成有关专家参加的审读委员会进行审稿，一旦发现问题及时与作者、译者进行沟通，便于修改、删减、完善与补充等。为了保证出版的书稿质量，出版社内各环节需要密切合作，著（译）者交付稿件时要符合“齐、清、定”的标准，保持作（译）者与出版社良好的沟通状态。双方达成出版意向初步定稿的作品，经编辑加工、设计装帧等流程发送制版部门进行排版，然后进行校对，合格后进行印刷、装订成书，开始正式出版发行，进入读者市场。

从传统图书出版的情况可以看出，一本书的出版是一个作者完成作品、出版机构约稿、编辑、印刷、发行销售的链条，而且周期长、环节多，在印刷纸张选择方面也受到许多客观条件的制约。

信息时代来临，电子出版物大量出现的时候，传统图书的出版、发行所面临的挑战是非常严峻的，必须做出适度的调整，顺应时代的改革。

电子出版物的内容可以是文字，也可以是图片、声音、影像的多维内容，出版载体超出了原来纸质媒介的概念，主要以磁盘、光盘、芯片等形式为载体，通过光电原理进行制作，然后以电脑、

阅读机器、手机等进行阅读、播放。对电子出版物进行关联制作和发行的部门，需要国家有关部门进行审批、监管。

从这个概念的含义不难看出，现代电子出版物的概念不仅包括传统书籍的所有内容，还包括视听、移动、快捷、便于携带等天然的优势。

与传统出版社的管理条例相比，电子出版物的生产、发行、销售等环节，都需要进行行政审批，持有有关职能部门颁发的电子出版物出版许可证，与传统图书出版单位一样，持有工商管理营业执照，进行税务登记，依法纳税，进行合法经营。

三、图书的模糊时代

“图书消亡”实际就是指传统的纸质图书的逐渐消失直至灭亡；纸质图书自从纸张发明开始，通过书写、刻板印刷、活字印刷、铅字排版印刷，现代电脑排版印刷，至今已有近两千年的历史，排版、印刷形式虽然几经变革，但书籍的载体纸张却从来没有变化。在网络通信日益完善普及的信息时代，人们日常沟通、交流、传播的途径都在发生着根本变化，传统的纸质书信模式渐渐衰落，有线电话的使用率也在减少，人们大多已经习惯于无线移动手机通话形式，然后以手机短信、微信、微博、电子邮件等现代通信模式，进行沟通交流。

人类进化的历史，有时候是不以人的意志为转移的，看看那些过去式，总有无可奈何花落去，却是新桃换旧符的感觉。纸质是载体，纸质书籍是工具，就像车是代步工具。古代的马车已经成为历史文物，人们现在使用马车的机会已经很少了。但是车的概念依然存在，代步的功能依然需要。只不过是有了自行车、摩托车、汽车、火车、高速列车、飞机等概念。同样，作为纸质图

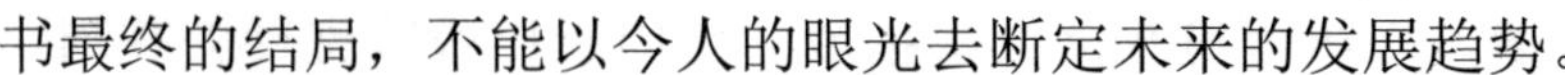

书最终的结局，不能以今人的眼光去断定未来的发展趋势。

有人认为以纸质为载体的图书不存在了，传统的以纸质收藏为主的图书馆，当然也就没有存在的价值了。这是值得商榷的一个课题。

特别是到了电子出版物日益发达、数字图书馆不断发展的今天，传统纸质图书不断受到挤压，导致人们的阅读习惯随之发生改变，特别是年轻一代的阅读方式大多习惯于电子图书，这种日趋发展的态势，更加使人们对“图书与图书馆消亡”的说法产生了焦虑与不安。那么，以收藏纸质印刷型为主的传统图书馆在未来的发展中，是否会被完全收藏数字化资源的数字图书馆所取代呢？传统图书会不会因此而彻底消失呢？

众所周知，以书籍为代表的文献的书写和传播，都是通过不同的载体来实现的。从人类文明历史记载以来，图书经历了竹简、木牍、丝质等为媒介的时代历程，到了以纸质为媒介充当载体，进行书籍制作的时候，人类的文明程度已经进化到相当高级的一个时期。随后出现的现代高速印刷机和电脑排版的使用，大大提高了书籍文献包括报纸杂志等纸质媒介的生产效率。作为书籍文献媒介载体的纸张制作工艺复杂，自从发明以来，始终是书籍制作的最主要载体。但比之电子图书占用空间大，信息存储量小；印刷成本高、对环境有一定的污染；检索速度慢，查阅复杂；收藏储存需要特定的环境，整理排序需要人工进行一本本登记、分类、上架，保管的时候需要一定的恒温、湿度，要求较高；纸质书籍的印刷出版流程繁多，需要人力、物力等多个环节配合才能实现，时间成本与物质成本、费用较高。电子出版物的载体属于新型材料，相对而言生产周期短、成本低、费用少。

在传统图书的管理收藏中，由于收藏的图书受到空间的制约，需要比较大的场地才能实现，纸质的图书在保管的过程中温度过

高不行，湿度太大不行，空气太干燥不行，太阳直晒不行，等等，这些不利因素为传统图书馆的发展增加了难度，使之受到一定的制约。在图书的使用率、利用价值上面，很难实现资源共享、快速传播的目标，从而导致图书馆的大部分图书得不到充分利用，出现了重视收藏保管、忽视使用的现象。加之传统图书馆管理相对落后，人才老化、短缺，都为图书馆的发展带来了不确定因素。

所以，有人提出用不了几十年的时间，传统纸质图书馆会走向终结，学者对此也发表了很多具有争议的观点看法，一时难以得到确切的答案。争论不断出现，担心的人越来越多。

现在看来，美国学者兰卡斯特“图书馆消亡论”的预言，已经过去 40 多年，对于传统纸质图书的出版与电子出版物情况的比较，想必人们已经有了大概的结论。

在这几十年的时间里，电子图书无疑进入了一个高速发展的阶段，而且应用日渐广泛、技术不断成熟。首先是无纸化办公的变化，由最初人们的将信将疑，到掀起史无前例的自动化办公浪潮，已经取得了令人意想不到的效果。人们在进行信息的传递时，通过网络传输的电子邮件，已经成为大多数人的选择。显然，在信息时代高速发展的时候，作为图书、文献等信息载体的纸质媒介，并没有像预言的那样消失，尽管无纸化办公已经非常普及，但是文件等文献依然要通过电脑、打印机打印出来，加盖印鉴进行发布、存档，用以表明其文献的权威性与法定效应。包括传统信函的邮递还是在运用当中，纸质的信封依然存在，只是用途越来越少了。

在电子出版业出现快速膨胀的时候，我国的网络通信事业得到长足发展。一是随着信息高速公路的建设完善，网络宽带深入办公区域、家庭场所，网速不断提高，人们在利用电脑工作、学习、娱乐的时候，网上体验的感觉越来越好，尤其是宽带升级为

光纤通信以后，网络速度更加顺畅，人们在进行读书、听音乐、看电影、打游戏等活动的时候，再也不会出现以前卡顿严重的情况；二是随着移动通信的高速发展，一部分人已经能够做到全天候、无死角进行人际间的沟通交流，电子邮件、微信、微博、抖音等社交软件工具，会让你更多地接触社会大众，进行各种交流互动活动；三是随着人工智能技术、量子技术的进步发展，人们利用云端大数据进行采集信息、选择学习资料的可能逐渐变为现实，人们的阅读概念不仅仅是拿着书本一页页翻阅的单项活动，电子阅读最大的特点是可以营造你所需要的读书氛围，快速查阅到你想要阅读的书目文献以及相关资料。

这些新兴的媒介给传统图书、传统纸质媒体，包括图书馆带来了巨大的冲击，人们从信息时代的发展中，看到信息技术发展的日渐成熟，对未来电子技术在经济、文化、社会、政治等领域发展的方向更加明确。对于纸质媒体、纸质图书，包括传统的纸质收藏为主的图书馆未来前途的担心与忧虑，正在引起更多人的关注。

特别是在 20 世纪 90 年代末，持此观点的学者孙维钧做了很多分析与论证。孙维钧预测说在未来的社会中，“图书馆将会消亡，这是事物发展的规律，是不以人们的意志而转移的。消亡过程可能要经历一百年或更长时间”。就像其他科技发展的成果一样，电子出版物的自身的缺点正在逐步克服修正，优势是显而易见的，数字化的图书馆终将替代纸质图书文献型的图书馆，这只是个时间问题[1]。

孙维钧的观点认为，“一旦印刷型文献退出舞台，依赖于印刷型文献的传统图书馆就失去了存在的物质基础，也必然逐步走向消亡”。传统纸质图书馆的发展，必然经历发展、高级和消亡

[1] 孙维钧．论图书馆的消亡 [J]．高校图书馆工作，1998（8）．

的历史过程，这是社会发展的结果。那么传统图书馆在什么条件下才走向消亡呢？有关学者提出必须在具备高度发达的网络条件以后，把整个社会的纸质书籍文献资料进行数字化出版，关键是要解决电子出版物的保存、收藏、阅读、知识产权等关键问题，否则就很难实现。

在信息时代，大部分人则认为网络环境下虽然纸质传媒确实受到一定的影响，但是传统图书馆的功能是电子图书馆所无法替代的，特别是图书馆的社会传播、教育的公共属性不会消失，甚至在未来将走向辉煌，更好地为读者提供服务。由于长期以来人们对于纸质印刷书籍的习惯性依赖，在未来的社会发展中，其很难从人们生活中消失，特别是纸质书籍文献的历史价值、文物收藏价值以及不可或缺的人文情结，仍是人们必不可少的精神食粮。

第一，我们不能简单地把纸质书籍与电子出版物对立起来，传统书籍与电子出版物是相互联系、相互促进的关系，不是谁代替谁、谁消灭谁的二元结构问题。同样，不能把所谓的传统图书馆与数字图书馆对立起来，如果把两者割裂开来看问题，把传统的图书馆抛在一边，那么凭空建立数字图书馆又从何谈起？

第二，从人类文明发展的历史来看，自从有了语言有了文字，再发展到书籍文献的完整概念，经历了漫长的进化过程。书籍是人类文化发展历史的见证，是价值非凡的无价之宝。打开一本书就打开了一个世界；打开了一本古籍，就打开了一段历史。在纸质文献当中，对于中华民族传统文化而言，还有一个非常重要的存在就是“书画”，即书法与绘画。中国的书法与绘画是通过纸质作为载体进行艺术创作，以期达到陶冶情操、修身养性、提高自身素质的目的。书画是艺术品，讲的是“笔墨纸张”，讲的是“百年无废纸”，也就是书画的艺术收藏属性体现在纸质图书馆的文献保存功能上，是必不可少的。试想，无论你怎么数字化，怎么能把那些具有文物收藏价值的典籍文献，那些具有历史沧桑感的物品变成现代意义上的电子读物？一个完全数字化的社会，会是什么样子？这种对于未来智能生活的假设，可能已经超出了目前人们的想象范围。

第三，图书馆在顺应社会变迁的同时，其形式在不断变化着，但传统的印刷文献仍然具有存在的价值，不同的文化场所有着不同的文化功能，作为具有社会性设施的公共图书馆，代表着广大读者的利益与诉求，其收集、整理、传递文献的本质属性却并未改变，传统图书馆的价值应该体现在向广大读者不断提供高效、实用的服务，营造一种特殊的书香氛围，做到与时俱进，打造与电子出版物相结合的现代化复合型文化馆、图书馆和信息平台。

既然目前数据库不能涵盖传统图书馆的广泛社会功能，不可能将过去所有在印刷文本中存在的内容、形式都涵盖在内，那么现在说传统图书的消失未免为时过早。在信息时代网络环境下的图书馆的主要功能也会随之发生变化，除了继续完成保存文献书籍、传播文化知识的担当与历史使命，应该在场所功能上进一步发挥作用，开放性地提供信息网络，尽可能地使图书馆成为新时代的网络信息中心，利用自有资源建立权威性的数据库，在信息系统设计，网络文献编目、标引，信息重组，电子出版，培训等方面发挥更加广泛的作用。

第四，从技术角度看，数字化图书馆完全可以取代传统图书馆，但是电子图书能否完全取代纸质书籍文献呢？显而易见，人们目前的数字化的内容大多是来自传统的书籍文献，直接数字化的作品应该是以当代网络文学为代表。但是在此之前，人类文明文化产物的精华全部凝结在纸质书籍文献上面，现在数字化的主要文献来自原来图书馆的收藏，传统书籍与现代电子出版物是相

互依存、相互补充的关系，二者的交互、竞争、融合，恰恰是社会文化事业完善发展的动力所在。也就是说，在现阶段，传统书籍文献可以做到与电子出版物共存共荣，二者都是图书馆收藏、保管的内容。传统图书馆与数字图书馆可以融合，也可以分开，就像传统图书馆可以分出专业图书馆、个性化图书馆一样，只是存在形式上的差异。

第五，从社会人文的角度来看，为了人类文明文化遗产的传承与保护，国家或社会强制性地对传统图书馆采取特殊政策，免于传统图书文献与图书馆的消亡，但从文献出版的发展与未来存续的情况来看，传统图书馆的存在依然有着合理性。

特别是具有悠久历史的中华民族文化的特质，决定了其自身文化产品收藏、传承的特殊性，从古代的竹简书、木牍书、帛书、木刻版、手抄版，直到现在的书籍出现以后，并没有因为新版书籍的出现使得古代书籍受到弱化。相反，具有研究价值的古典书籍已成为学者们争相研究的对象，也是古书收藏家们珍爱的收藏对象。另外，人类文明的进步是一个渐进的过程，即使社会进化到新旧交替的时候，也不是一蹴而就马上就可以完成的，是需要在人类文明发展的历史长河里逐步完成。但就目前的情况看，纸质书籍文献依然存在，图书、图书馆的数字化进程加快，并没有从根本上影响纸质图书的出版运营，传统图书馆正在健康有序地发展，相信终有一天，会进化到适合人类需要的更高级模式。

但是，值得注意的是，近年来传统纸质媒体的发展状况，确实受到信息时代电子科技为依托的新媒体的严峻挑战。纸质出版的杂志、报纸发行量逐渐下降，人们的阅读量直线下降，大多数人开始利用新媒体了解新闻、信息，并利用其便捷的实用功能进行文化交流、社会交往、经济往来、金融服务等，传统纸质媒体

的衰落已经是个不争的事实。新媒体的形式多种多样、机动灵活、时效性强，主要通过电脑、手机接收，可以实现信息、新闻事件与读者在第一时间的无缝对接，把信息的来源、发生地进行图文、影像同步传送，效果真实、感染力极强。

在经历了信息时代的高速发展以后，人们对于纸质文献到底会不会彻底消失，无纸化社会会不会实现，图书馆是否会消亡的争论，已经分析得更加客观，也更加谨慎。可以说，就目前而言，图书文献、图书馆的发展，已经进入一个传统与电子科技相互融合的良性竞争时期，人类文明已经开启了一个书籍的模糊概念时代。

第二章

阅读的概念

阅读一词最初是通过视觉观察阅读物以后，喉咙发声朗读的组合概念。是指人的大脑通过眼睛视觉神经对外界事物的各种状态进行鉴别、反应、加工后，理解其内容、符号等意思的过程。一般认为阅读是通过语言文字等从视觉材料中来获取信息、认识世界、启迪思维，达到审美体验、获得各项技术、知识的活动。

阅读定义的内涵与实质具有相对稳定的概念，但是阅读的方式方法是随着社会的发展而不断变化的，具有鲜明的时代特征。

第一节　阅读的历史

与其说阅读是从文字开始的，倒不如说是从看图开始的，也就是从原始的、现在仍然可以在幼儿读物中看到的“看图说话”模式。人类之初首先是靠肢体语言进行沟通交流的，随着不断进化发明了语言，主要是靠观察事物的外在特征进行沟通交流、传递信息。在文字诞生之后，阅读才真正由识字开始，人们通过一个个的字组成词，再由单词串联表达更多意义的词语、句子，结合词语、句子的意思，就可以理解文章段落和全部书籍的内容。

语言是阅读的工具，是人类交往、文化传播的桥梁和纽带。人类在不同的自然环境生存，形成了不同习俗，产生了不同语种的语言文字。

一、阅读是人类文明进化的结果

据统计，目前世界上共有 7000 多种语言。它们起源于何时何地？这些语言中谁是最先产生的？是在一个发源地产生？还是每一种语言都有其发源的历史？也就是同一起源的“一源说”，还是独立起源的“多源说”问题，现在仍是人们争议、研究的课题。人类在史前时代，其文明程度较低，没有阅读的概念。在有文字记录以前，人类的生存环境相对处于完全的自然环境之中，为了生存在与大自然相处的过程中，逐渐完成了语言的进化。

关于语言起源理论，一直是学术界关注和争论的焦点。由于涉及语言何时、何地、何种人，特别是怎样起源的问题，是目前学术界正在探讨、尚未完全解决的重大问题。尽管人们曾经对这个问题做过很多研究，存在着多种臆测、假设、论证，但随着人类认识程度的不断深入和科学技术的不断进步，加上各种不同证据的发现，人们对语言起源的问题不断进行研究，逐步得出了一些结论。谈到人类的语言起源，就不可能绕开人类的起源。

关于人类是如何产生的，如果追根溯源，按照英国生物学家 C. R. 达尔文为代表的进化论观点，人的最初存在形态是生物，这种生物最早生活在大海里面，经过非常漫长的演变进化，离开大海在陆地生存，然后就产生了大脑、内脏器官，五官四肢，开始爬行，开始直立行走，学会打猎、种地，生儿育女，繁衍生息。

那么这种理论的依据在哪里？又是如何产生的呢？进化论的发明者 C. R. 达尔文是英国人，主要代表作是 1859 年出版的《物种起源》，也就是在大约 160 年前，提出了人类新的起源这一重要观点。这个理论与此前人是上帝制造的宗教观点产生了根本性的分歧，当然与现在有人提出的地球人是外星高级生命体制造的猜想观点，也存在着本质的差别。

虽然，通常人们认为达尔文的生物进化论，是人类产生的一种合理推测。但相比较于上帝创造人类、外星人制造人类，人们还是更倾向于达尔文的这种进化推测理论。

与达尔文几乎生活在同一时代的恩格斯认为，达尔文在进化理论中关于猿人如何进化到现代意义上的智人方面，没有清晰的概念，存在推论缺陷。还有现在自然界仍然生活着猿人，为什么没有进化成我们一样的人呢？

恩格斯认为是劳动创造了人，是劳动让现在意义上的人与古猿类产生了分水岭。恩格斯在 1876 年发表了《劳动在从猿到人转变过程中的作用》的文章，把当时生活在树上的古猿人叫作“攀树的猿群”，是以采摘野果为生的猿类；把从树上走到地面到人过渡期间的猿人，称为“正在形成中的人”；然后，把来到地面学会利用石头、木棒，能够制造工具进行打猎、耕作的人，叫作

“完全形成的人”。在人类进化的初期，地球各个大陆板块的人种在社会发展的过程中，逐渐出现一些个性差异。

在亚洲、中美洲、美国东南部等一些地区，有些部落群族的先人在围猎之余，把一时吃不了的幼小动物留下来，开始尝试驯化一些野生动物。有的部落则开始采集植物的种子，尝试进行种植、栽培。这些早期的劳动行为，使得这些群族的祖先在实践中取得了经验，慢慢获得了进化的优势。

对于人类的发源地，历史学家一直在寻求最佳答案，但是一直存在着不同的意见和争议。有学者在欧洲的西部地区发现了古猿人生活的踪迹，认为这一地区是人类发源的“伊甸园”。

人类从人猿主干上分离为真正意义的“人”，究竟发生在哪一地区？有学者在非洲取得研究成果，认为人类最早是在非洲大陆诞生，然后走向其他大陆板块；也有学者认为，一开始人类就在亚洲活动，是人类的源头之地。那么人类到底起源于欧洲、非洲，还是亚洲？一个多世纪以来，虽然不断有研究成果公布，但这一直是古人类学家争论不休的话题。

考古人员在非洲发现了一系列人类的化石，从 1924 年开始找到首个幼年人猿头骨，到组成一个相对完整的化石路线图，前后跨度超过 70 多年，也就是在 20 世纪末，考古学家才刚刚理出一个比较系统的人类进化化石图谱，但在其他地区至少目前还没有非洲这样比较完善的化石链条。由此看来，关于人类起源的研究任务才刚刚起步，任重而道远。

就目前的科学技术来看，随着一些新技术的运用，也许会在不远的将来，能够逐渐发现人类起源于进化的真实情况。但是，在探索人类的起源与进化过程中，首先要确立人类是一个生物物种的概念，也就是要确认人类只能是一个祖先这个前提，而不是多个祖先。实践证明，人类多祖或多元论是违背科学常理的。如

果说黑人有一个祖先，黄种人是一个祖先，白人又有另一个祖先，就会在生物学上犯常识性的错误。大自然的奥秘在于有些规律让你感到不可思议，但又确实存在。对于不同的物种都有自己的基因保护系统，这样即使不同物种进行杂交，也不能孕育生命。只有同一种类相同基因的物种交配，才能生育后代。

二、语言是阅读的前提条件

阅读离不开看与读，离不开语言；没有语言就谈不上阅读，语言是阅读的前提条件。

阅读的最初概念首先是阅，这就要从书籍诞生以前，人类的发展谈起。阅就是看的意思，是通过人的视觉系统观察社会、自然界现象得到的初步印象，如何把这种感觉、看到的印象传达给他人，比如原始人在树林里狩猎的时候，遇到危险的时候，要想办法通知群族的其他成员，除了肢体语言，需要发出声音进行预警。这个时候人类便有了强烈发声的愿望，喉咙、声带的机体反应就会表现出来，大脑开始组织神经系统进行联结这一区域的功能，人类语言的进化就慢慢地与其他动物简单的发声区别开来。从人的生理结构分析，人的头部是大脑所在的中枢系统，眼、耳、口、鼻、舌都是配合大脑的中央部门。眼睛的结构原理，决定了这个重要器官起到的作用非同一般，是把外界信息反射到大脑最快的接收系统，基本上就是你看到了就想到了，所以在人类早期的发展中，眼睛的地位是非常重要的，人类为了看得更远不惜放弃四肢爬行的本性，开始尝试直立行走，就是为了把视野放得更宽、看得更远。

人是自然界的灵长动物。

当人类开始直立行走，看到世间万物多姿多彩，开始对缤纷

事物产生了诸多好奇与探索心理。肢体语言只能解决近距离的交流与沟通，超出四肢范围就只能靠手势进行沟通。但是当自然界发生变化，遇到暴风雨、大雾等天气的时候，就要依赖听觉来探索、判断周围的情况，得出是否安全的信息。在判断食物是否可用、安全等方面，人的味觉系统的指挥官舌头，起到很大的作用。包括通过鼻子，可以感知周围不同气息的变化，也能判断出重要的信息，比如通过烟火味道可以预测火灾，避免部族人员的伤亡。那么，在眼、耳、口、鼻、舌将收集、探索的信息传输到大脑，进行汇总，发出指令的时候，语言开始发挥重大作用。

由此看来，语言的产生过程是随着人类的进化逐步开始发展的，是人类整体进化的需要。有人认为语言是突然间产生甚至是与生俱来的，这种观点值得商榷。目前，现代人的语言功能与概念，也是在人生下来以后，通过牙牙学语慢慢形成的，不可能在没有学习的情况下，就会突然开口说话。原始人的语言进化，显然也是一个渐进的漫长过程。有学者通过研究认为，在早期的先人里面，有部分进化的灵长类先知者在自然环境中产生了一个“前语言”系统，然后在使用中逐步演变成语言的形态。非连续性的假说则认为，语言是在人类演化的过程中，由于基因的突变，在某个时间段中突然出现的，具有一些独特的元素。一段时间内，人们比较热衷于对连续演化的研究，也有很多的假设与推论。有人认为人类的一切都与大自然密切相关，语言就是模仿自然界的各种声音，并且触发了人的情绪，不断地进行感叹、呼唤，于是语言就出现了。人类的眼、耳、口、鼻、舌都是在进化过程中，产生了不同的功能与作用。

恩格斯认为劳动创造了人，劳动创造了语言。人类祖先在劳动的时候创造了各种工具，在劳动的时候需要进行交流与合作，当然生活中也需要进行交流与沟通，在肢体语言发挥不了有效作用的时候，人类开始使用声音沟通，语言便自然而然地出现了。

认为语言独一无二的特征跟人类基因演化和突变有关，语言的产生是非连续性的代表人物之一，是乔姆斯基。出生于1928年12月7日的艾弗拉姆·诺姆·乔姆斯基博士（Avram Noam Chomsky），退休前就职于麻省理工学院语言学院，在语言学方面获得了非常多的成就，主要著作《生成语法》具有广泛的影响力，可以说是语言学研究方面的创新派人物的代表。

乔姆斯基的成就主要表现在：一是发动了心理学的认知革命，主要通过对伯尔赫斯·弗雷德里克·斯金纳的《口头行为》的评论，对在20世纪50年代占主导地位的行为主义者学习理论以及语言的方式等发起挑战；二是开创了学习语言的自然方法，对人类语言和精神的哲学思维，开启了具有很大影响力的另一理论；三是在语言学方面，建立了乔姆斯基层级，即根据“文法生成力”不同，而对正则语言做的分类法则。乔姆斯基对政治充满热情，把自己归为自由社会主义者，也是无政府工团主义的同情者。他因对美国和其他国家政府的批评而著名，一般认为他是活跃在美国左翼政坛的著名学者。据艺术和人文引文索引提供的资料表明，仅在1980—1992年期间，乔姆斯基是被文献引用数最多的健在学者，而且是有史以来被引用数占据第8位的学者。

乔姆斯基的《句法结构》（Syntactic Structures）一书，重点阐述了人类语言具有与生俱来的“普遍语法”假设理论。这个理论的大意就是按照人类的语言逻辑，人们说话的时候要有一定的表达方式，在语法结构上具有自身的规律。人类在出生以后的儿童阶段，由于大脑里面带有人类语言的基因，所以天生就有语言、语法等方面的天赋。但是有相当一部分语言学家，特别是多系统语言起源学者，认为这种理论缺乏科学依据，在实际具体语言的教育中也没有可行性，操作起来也是不现实的。在语言、数学方面很有成就的专家周海中认为，不能轻率断定人类先天具有共同的“底层语法”，这种“普遍语法”的假设理论，在语言学理论界一直备受争议，有待于学者进一步研究探索。

对乔姆斯基持赞同观点的学者认为，人类是动物界的灵长动物，但与动物有着本质的区别，其中很重要的一条就是具有语言功能，其他动物则很难利用语言进行沟通交流。在对人类近亲猿猴的语言训练中，猿猴根本没有获得语言的能力，训练没有得到预期的结果。

由于人类语言的研究需要更多的原始证据，就目前的科学水平很难获得准确的进化的资料，大多数语言研究者的结论都是建立在对以往考古研究基础上进行的，如果想在实际语言的应用中得到验证，实在是困难重重。考古学的研究方法，是构拟人类文化和文明史的一种主要的手段。这样的研究方法，可以提供人类的生物进化的过程，以及文化发展等几个方面的史前情况的直接资料与证据。但关于语言的直接的研究，仅有的考古证据却只能出现在文字发明之后，比如铭刻在石头、黏土、陶器、青铜器或其他耐久物质材料上的残存记录。这些疑似文字记载，最早也只能追溯到五千年以前。显然，语言的发源历史，当然要比这些原始记录早出许多。所以，早期的文字，特别是比较粗放、简单的文字记载，既不能提供人类语言起源的证据，也不足以证明语言演变、发展的过程。

近年来，随着科学技术的进步，特别是计算机科学的发展，一些新的研究方法开始被考古学所运用，比如光电显微镜等科技手段。有学者利用计算机的强大计算功能，进行智能模拟人类进化演变的过程，试图找出语言产生、发展的原因。

一些学者则另辟蹊径，进入更多领域进行语言起源的探索，有的则比较强调语言的社会性、人的社会文化认知，包括人类居住的群体性诉求等对语言的起源有着广泛、深刻的影响。主要观点是，人类语言的产生需要人的整体进化才能实现，是一个系统工程。

第一，人类的大脑必须能够处理外界反应进来的信息，有着比较先进的神经处理系统，这样才能把眼、耳、口、鼻、舌收集到的各种图像、信息进行归纳整理，完成有效的判断、指挥任务。据研究证明，在自然界所有动物里面，人类的大脑发育情况是最特殊、最复杂的，脑细胞的组成结构是其他动物所无法比拟的，这也许就是人类能够产生语言的原因之一。

第二，从生理学的角度讲，人类必须按照发出语言的诉求，把喉咙、声带进化到足以发出大脑下达的指令语音，做到发音清晰、准确，只有这样才具备语言传播、交流的生理条件。通过对其他动物的声带进行解剖、研究，人们发现，动物的发声系统与人类有着很大的区别，即使一些鸟类能够模仿人类发出语言的声音，但是其大脑的神经连接却无法像人类那样，完成预期的任务。

第三，随着人类的不断进化，从直立行走、群族狩猎、采集野果、走出森林，到开始农耕种植，人们需要在生活、劳动中进行更多的交流与沟通，包括交换物品、描述自然界的诸多现象等，都需要语言的帮助，这就是说语言具备了进一步发展完善的客观条件。正如恩格斯所说的那样，人类在劳动中创造了智慧，学会了制造工具，学会了利用语言进行各种交流与沟通，并逐渐赋予语言更多的人文功能。于是，人类的文字随着语言的产生诞生了，人类的号子、诗歌、故事等，也在逐步传播开来。

语言的概念，或者说语言的产生标志，是指人类最终可以通过语言的发声器官，把自己所想到的内容表达出来，可以通过语音与文字两种具体的表现形式完成。在当今社会，人类针对盲人的生理特点，发明了用手触摸的盲文，为盲人的交流与

沟通提供了方便。

三、关于语言发展对阅读的影响

随着人类社会的进化，加上地震、瘟疫等自然灾害以及战争等人为因素，灭国灭族的现象时有发生，这就导致人类的族群在不断发生变化，一些群族人种的语言也在发生变化，直到消亡。这种情况导致的结果，必然影响人们对于消亡语言文字、文献书籍的阅读，造成语言文字消失后的一个个谜团。

世界上原有 7000 多种人类语言，那么现在还有多少种人类的语言还在人们的交往中被使用？语言学专家在调查后发现，好多语言已经消失，或者停止使用。这种状况正在加剧，让人们在感到遗憾的同时，似乎又无能为力。

人类现有的语言比较具体的数字是 5561 种。除此之外，已经有很多种语言文字在这个世界上消失了，比如历史上著名的哥特人和玛雅人时期相对文明的语言文字。还有赫梯语、达尔马提亚语、卢维亚语、苏默语等，也都无人使用了。中国的语言文字发展经历说明，一些语言文字也在不断消失。现在各民族的 57 种文字中，已有 17 种消亡，包括突厥文、回纥文、察合台文、于阗文、焉耆－龟兹文、粟特文、巴思巴文、契丹大字、契丹小字、西夏文、女真文、东巴图画文字、沙巴图画文字、东巴象形文字、哥巴文、水书、吐火罗文。

在人类原有的 7000 多种语言中，有些语言只有语音语言，而没有文字语言。这种状况在一些国家和地区的原始部落群族里面仍然存在。在这些没有文字的族群当中使用的语言，存在着浓郁的地方色彩，离开本部群落就失去了交流的功能。正是人类在进化、迁徙的过程中，要更多地走向外界，不可避免地要与更多

的人接触，在进行沟通、交流的时候，语言的交叉和融合就会自然而然地发生。要么保留自己的语言，要么学习别人的语言，或者相互融合成一种新的语种，不然就达不到沟通、交流的目的，人类社会就不会进步发展。

从人类语言的发展历史可以看出，人类语言产生于群族部落，在使用过程中不断兼容并蓄，走向阶段性融合，然后随着社会的进步发展，会再次进行交叉融合进入新的语言发展时期，使得会使用某种语言的人越来越多，语言的种类变得越来越少。我国是具有 56 个民族的大国，语言种类繁多。但在国家治理结构下，通过历史上一次次民族的大融合，历经几千年风风雨雨，汉语成为中华民族文化的根本符号，成为中国人代表性的语言。通常情况下，一个国家会有不同的语言同时存在，各民族在自己日常的生活、学习、劳动中，仍然会使用自己本民族的语言，保存本民族的语言特点。但是在对外交流、沟通的时候，会使用一种比较普遍的、大家都能听得懂的大众化语言。由此产生了母语、第二语言、第三语言的概念，乃至现实社会中有人会掌握更多语言的情况。

如果我们认为语言的产生一开始就是一种语言，就很难解释人类在进化发展中语言出现的各种情况。新西兰学者昆廷·阿特金森在研究语言起源的时候，提出非洲的西南部是人类语言的发源地，也就是说这个地方从洞穴文化艺术开始，产生了语言，然后随着人类的进化、迁移开始向世界各地传播，其他语言的源头，都是从非洲开始扩散。昆廷·阿特金森的理由是，通过全球 504 种语言的分析比较，发现非洲地方语言的音素达到一百多个，比其他语言的音素都要超出许多，人类在从非洲迁移的过程中，音素变得越来越少，并在不同的地域不断演变出更多的语言。

对此，许多人类语言学家提出了不同看法，很快在语言学界

引起了一场广泛的争论。来自欧洲、中国和美国的很多学者纷纷发表理论文章，提出了不同的观点。

所以几个世纪以来，人类语言如何开始、究竟从什么时候开口说话，这些问题一直困扰着语言学家。尽管我们对语言研究的方式方法有了改进，在技术方面也因科学的发展取得了新手段，但最大问题是仍然缺乏经验证据，缺乏语言发育的具体证据。尽管存在各种障碍与困难，甚至巴黎语言学会一度禁止关于语言传播起源的任何辩论。但是包括心理学家、人类学家、考古学家和语言学家在内的许多研究人员，并没有放弃对语言起源这一主题的继续研究。

关于早期语言研究交流的大量结果，主要集中在发声和手势的预测与假设上。特别是人类发声方面的研究，主要证据集中在舌骨的问题上面。由于口语本质上是无常的、偶然的声带振动，因此这一思想领域的核心认为，舌头的这种功能在现代智人中出现，可以追溯到我们的史前“表兄弟”，尼安德特人的舌骨发育情况。

在人类没有发明计算机、生物遗传基因工程等科学技术成果之前，人们对于人类起源、进化的研究只是建立在考古学的基础上，这种研究的核心理论基础是提取历史证据。很明显，这种研究方法最致命的弱点是缺乏实证，缺乏科学依据，有时候一种研究结果会很快推翻另一种假设，这也是困扰人类学研究者的一个最大障碍。比如原先认为智人的诞生时间，也就是人和猿开始分离的具体时段，为大概距今 2000 万年至 2500 万年之间，注意这个推测一开始的偏差就有 500 万年左右。实在难以想象的是，人类在 500 万年间，究竟会发生什么变化？在科学技术进一步发展的今天，人们通过 C14 检测以及分子生物学的方法进行推算，得出最新的准确结论是，距今只在 400 万～ 500 万年间，人与猿的各种行为才开始进行逐渐分离。这个时段，恰恰就是原来

研究成果的误差时段，所以关于人类起源与进化的研究才刚刚开始，一些谜团根本没有解开。人们现在可以通过对人类化石的DNA，也就是脱氧核糖核酸进行化验、测试，得出一些科学的结论，但是在没有获得确切的证据之前，人类起源的研究仍然任重而道远。

1856年，德国尼安德特山洞发现了人类智人的化石，考古学家将其命名为尼安德特人。这次人类遗骨的发现，引起了考古界的轰动。

通俗来说，尼安德特人是从人类原始的祖先进化过来，属于智人那个时代前后的人种。从遗骨化石分析得出的结论来看，居住在尼安德特附近的智人也是从非洲大陆进化而来的，他们身材不高，大约1.6米，但是大脑发达，身体肌肉非常健硕，属于超强族群。大概12万年前，身材矮小的尼安德特人群族势力逐渐强大，开始统治整个欧洲、亚洲西部以及非洲北部，但在2.4万年前，不知什么原因这些大脑发达的尼安德特人却消失了。

那么在尼安德特人的统治期间到底发生了什么？他们为什么会突然消失呢？研究人员根据考古资料通过科学手段追踪了解到，尼安德特人在进化的过程中，开始在自己活动的区域与其他外来人种不断进行杂交，新的人种开始出现。大约在末次冰期的时候，尼安德特人在与外族人交流以及与大自然的相处中，生存方式发生了变化。按照达尔文“适者生存”的进化理论，尼安德特人在人类进化的漫长岁月里退化了，在竞争中被逐渐淘汰，逐渐走向灭亡。

但是尼安德特人在与其他种族交配的时候，把这一族智人的基因保留了下来，而且，这种基因特征，在现代欧洲人后裔里面表现得尤为显著。

根据尼安德特人的生活特点、活动轨迹、山洞遗址等分析，

有研究者认为，我们的人类祖先，在大约 30 万年前就会说话了。按照其他有关语言的研究理论，有人把人类会说话的时间提前到 200 万年前。

尽管如此，对于这两种人类物种不同时期的出现，也没有证据明确证明他们是使用语音或复杂语言的源头。通过进一步研究，许多语言学家认为舌骨是人类言语的基础。实验表明，如果没有特定形状的舌骨在我们喉咙正确的位置上，在发声的时候与精确下降的喉部一起发生作用，人类与黑猩猩的声音几乎没有区别，是很难发出真正意义上的“语言”这种声音的。但是，大多数语言声音理论研究者认为，人类语言的产生应当在大约 10 万年前，据说当时人的脑容量也在增加，应该是语言进化的一个重要标志。

除了关注人类从什么时候开口说话，人们还有一个非常重要的问题是：早期祖先说了什么？在 19 世纪末到 20 世纪初这段时间，语言学者有六种主要理论，用来解释声乐语言中使用的词语以及词语的起源。这些理论分别是：Bow-Wow 理论、叮咚理论、维尼理论、Yo-He-Ho 理论、La-La 理论、塔塔理论。虽然这些理论都有这样那样的缺点，但是并没有影响这些理论的传播，大多数的观点在今天仍被作为研究人类语言领域的起点。

最近一项关于手势和发声的研究表明，语言起源与声音象征的概念可能存在某些关系。还有一些研究人员，试图利用博弈论来解释语言的起源与进化。大体意思就是设定人类语言起源进化的数学公式模型，预测人类语言进化的结果。博弈论在设计的公式矩阵中，会考虑未来发展中个体的预测行为和实际行为，然后通过研究获得未来走向的优化策略。基本概念中包括局中人、行动、信息、策略、收益、均衡和结果等。其中局中人、策略和收益是最基本要素。局中人、行动和结果被统称为博弈规则。

从现代人类的语言学习情况分析，人们要想学习语言，就必须具备一个健康的大脑，即便如此，人类要掌握语言，必须付出时间才能掌握语言的技巧。通常人们认为人类拥有语言的能力，是因为人类的大脑神经、结构回路等与其他动物存在着很大的区别，特别是人类的声带系统与其他动物喉咙发出的声音，有着根本的区别。

遗传学研究表明，人类具有特殊的 Foxp 2 基因，这种基因能够通过神经系统向人的面部肌肉发出系列的指令，使人类根据情绪的变化而表现出不同的表情。但是仅凭这些还远远不够，仍然无法解释人类语言的进化过程。因为动物界也有许多大脑发达的物种，在灵长类动物中，一些物种也用手势表达意思、传递信息。虽然一些鸟类不拥有人类独特的 Foxp 2 基因，也没有类似于人类的声道系统，但像鹦鹉却能比较准确地模仿出人类一些复杂的语言。

由此看出，除了语音沟通能力，人类的特别之处，关键在于大脑的发育出现了基因变异，使人类在进化过程中与其他动物拉开了距离。大脑功能开发出来的劳动能力、学习能力、抽象逻辑思维能力，让人类的进化进入良性循环的轨道，包括制造工具、自我提升、改造自然等。据有关研究成果表明，人类的组织性、服务性、亲和力极强，是唯一喜欢与直系亲属之外的“外人”进行交流的物种。在自然界发生各种灾害的时候，人类相互争夺地盘进行战争的时候，人们就会利用语言进行交流、谈判，争取自己的权利，号召大家团结起来战胜困难，充分发挥语言的功能与作用。语言的进化是人类进化的一个重要标志，是人类赖以生存的一大法宝。

当然，一些社会组织性的昆虫，像蚂蚁、蜜蜂、黄蜂、蝙蝠等，虽然它们没有语言的沟通，也存在着一些出于本能的集体合作，但它们的合作以自己整个家族利益为上，并通过基因组织深刻地体现在它们日常所有的行为当中。而人类语言的发展成熟，

表明人类社会已经进化到比较高级的文明社会，逐渐产生了集体生活、劳动的规则，在信息交流传播的过程中，把人类的道德法则广而告之，用以增加集体的凝聚力、战斗力，进而达到更好地生存与发展的目的。可想而知，人类这些复杂的社会行为、思维活动等所需要的语言功能，绝不是其他动物本能的声音具有的要素，比如简单的哼哼声、呜呜声、啼鸣声、咆哮声，甚至气味和色彩变化等，都谈不上语言的概念。

四、语言与阅读对于人类大脑的影响

有关研究成果表明，在人类的进化过程中，直立行走、劳动、制作工具、语言、协作等现象的出现，对人类起着相互促进、相互补充的系统完善作用。随着大脑日益发达，人类的思维越来越活跃，语言能力也随之不断进化。反过来，语言让人类进入更高一级的文明，在拥有沟通、交流、互助本能的同时，促使大脑系统进一步发展与完善，推动人类整体的进化与发展。

当隐隐约约的阅读概念出现以后，人们逐渐发现，语言、阅读与大脑的交互作用，会令人吃惊地伴随着我们的一生。实践证明，语言能力不断地塑造着人们的大脑，大脑也在不断地优化语言以更好地进行阅读活动。一个人，从小接受良好的家庭教育，然后进入小学、中学、大学，直到走向社会，其自身的修养也会逐渐形成。通过阅读道德教育方面的书籍，个人的综合素质将会得到全面提升。相反，如果一个人自身的综合素质很难适应社会的发展与变革，跟不上时代的潮流，就会要么自暴自弃被社会淘汰，要么混天度日无所事事，到头来追悔莫及。

科学家经过一系列测试后发现，人类在学习语言的时候，特别是在学习母语以外的语言时，能够极大地调动大脑的积极性，

大大降低神经衰老的速度。每多学习一种语言，人的心智年轻系数就会进一步提高。掌握双语或更多种语言的人们，大脑的语言功能更强，阅读的理解力、逻辑思考能力等更加突出，特别是在阅读的时候表现出来的差异性非常明显。

霍纳兹的研究认为：“如果你有非比寻常的语言学习体验，你就可以观察到语言学习对大脑稳定而持续的影响。”为了获得更多的实验数据，加拿大多伦多约克大学语言学家埃伦·比利斯托克通过统计学模型，对一批患有老年痴呆症的人群进行抽样调查，结果发现掌握两种以上语言的人，患有脑神经等疾病的概率比常人小了很多，在患病的年龄方面，平均推迟了大约5年。

这些掌握多种语言的人，他们的大脑白质非常活跃，平时具有大量阅读书籍的习惯，思维缜密，心胸开阔。白质的重要性在于担任大脑神经中枢的任务，相当于四通八达的高速信息网络，这种高度发达的脑神经纤维把大脑各种区块的功能进行链接，有效地进行信息传递，从而让人的大脑更加活跃、健康，在良性循环中创造出更多的思想，语言思维能力不断提高。阅读的效果及欣赏水平的提高，往往使得语言丰富的人心情舒畅，有着良好的记忆力，心理状况也越来越好。

因此，根据按照比利斯托克这种谨慎的推论，针对一些疾病，如神经衰弱、阿尔茨海默病、心血管疾病等，人们开始在训练、提升语言能力方面进行有益的探索与尝试。

从2018年开始，英国爱丁堡大学的托马斯·贝克，对608名曾有过一次脑卒中经历的患者进行研究，在康复实验的结果调查中发现，具有多种语言能力、阅读能力比较好的患者，康复的可能性明显增加。为了取得有效可信的数据，托马斯·贝克把患者分两组进行同一方式的康复训练，训练得出的结果再一次验证

了语言学家埃伦·比利斯托克的推论，语言能力对脑卒中患者的恢复治疗有着不可低估的作用。通过比较，掌握两种语言或更多语言的脑卒中患者，康复的概率为 40%；而通常情况下只有一种语言能力的患者在同样康复训练以后，康复的概率只有 20%，与掌握多种语言能力的人相比，康复的可能性减少了一半。

贝克说："我们认为，通过语言学习操练大脑，可让大脑得到更多的训练，并获得更有效恢复大脑神经细胞损伤的补偿能力。"多种语言训练者通过阅读书籍、学习语言，能够有效提高大脑的神经功能。人们的大声朗读、不间断的书写练习，在学习语言的时候对大脑的不断刺激，促使大脑加快思维，发出各种指令。这个反复训练的过程促使大脑神经网络进行有效的工作，自然地就达到了康复的效果。

不仅如此，语言与阅读还会影响人们的世界观。世界观对于人的一生影响极大，所以世界观的形成非常重要，不同的世界观会导致人们形成不同的思维模式，做人做事的思想观念也会差异很大。玛丽亚·西拉是美国明尼苏达大学的语言学家，她以自己的切身体会说明语言对于一个人的影响很大，甚至贯穿在人的生活、工作、学习等各个方面，伴随人的一生。玛丽亚·西拉说自己从小就会说西班牙语，是地道的当地人，由于松鼠（ordilio）这个词汇大多都是用来描绘"女性、妇女、阴性"的意思，所以她自始至终以为松鼠只有雌性没有雄性。直到成年以后才意识到，这是语言导致的一个有趣的误会，可见语言对于儿童思维的重要性。

在不同的语言环境中，人的思维方式会发生不同的变化。即使使用同一种语言，由于接受的家庭教育、社会教育不同，个人的世界观也会存在很大的差异。在幼儿教育方面，这一点也得到了进一步证明。对于一个人的语言能力的开发，非常重要的一点

就是注重幼儿的早期语言培训教育。接受早期教育的儿童，在经过系统化、专业化的训练之后，其语言表达能力与没有接受任何语言训练的普通儿童相比，差别是显而易见的，而且对于大脑的发育也会产生直接的影响。即使在成年人的世界里，那些喜欢读书、不断学习的人，那些不断探索语言奥妙、在阅读中寻找快乐的人，其大脑的活跃度明显比普通人高出许多，思维也更加敏捷。

具有普遍意义的是，人类通过语言这个工具对各种事物进行分类，然后清楚地表达出来，让人们方便认识、了解世界。掌握了一些分类词汇的孩子，智商很快得到提高，不仅能分清事物的外在形式，还会根据事物的形态和针对不同情况，按照性质进行进一步分类，比如不同颜色的表达，男女、大人、小孩的区分，都会变得越来越有条理。随着儿童掌握的词汇、语句增多，大脑也在快速发育，人们对于外界事物的认识逐渐清晰，慢慢形成了自己的世界观。正如语言学者加里·卢皮亚恩所说：“语言不仅对大脑的高级推理部分产生影响，还改变着我们基本的认知表述。”

美国社会语言学家苏珊·埃尔文－特利普，就职于加州大学伯克利分校。在 20 世纪 60 年代进行了一项很有意思的研究，利用不同语言描述外界的同一场景或同一事物的现象，不同语言描述的结果具有很大的差异性，有些甚至出现了完全相反的试验结果。比如设置一个年轻漂亮的女子静静地坐在沙发上，人们用不同语言进行描述得出了不同的结果。用日语描述这个女子，看上去像是忧心忡忡，正处于绝望的精神状态里不可自拔……相反，用英语描述这幅画面的结果是，认为这个女子好像刚上完缝纫机课，想着设计一件漂亮的衣服……那么，如果用更多的语言去描述，包括用语系差异化比较大的语种进行描述，就会得出更多莫名其妙的结果，故事的情节会有很大的差异性。

埃尔文－特利普针对试验的结果总结说：“一般来说，日本

人在故事描述中会掺入更多的个人情感和情绪。在一种语言向另一种语言的转换中，同时也失去了与该语言相关的文化内涵。”这种情况说明，语言具有鲜明的民族特色，受到发源地域人文历史、风土人情乃至政治、经济等广泛的影响，这些潜移默化形成的语言要素，都在语言使用的过程中打上了烙印，并时时刻刻用不同的方式表现出来。

随后，美国康乃迪克大学的语言学者，奈兰·拉米兹－埃斯帕兹，对于这一课题进行了新的追踪实验，让更多说双语的人对自己的性格或者某一件事物进行表述，其结果会出现本语言带来的描述风格。比如在表达自己性格的时候，本语言的回答会显得直率、明朗，有点外向；西班牙语的回答则更加谦虚、内敛，有点内向；俄罗斯语的回答，就表现出来豪放不羁、不拘小节的特点。而且对于同一件事物，用来描述它的语言的长短、运用语法的复杂程度等，都有很多不同的情况存在。

语言学家拉米兹－埃斯帕兹曾说：“语言就是这样一种强大的东西，它显然会对你如何看待自己产生影响，使用不同的语言表达，会让你对自己做出不同的评价。”

语言，语言组成的每一个词汇、看似简单的每一个句法，都在阅读的时候，影响着你的大脑，影响着你的性格、习惯，最终或多或少地都在影响着你的人生观、世界观与价值观。

第二节　阅读的概念

阅读，顾名思义就是通过大脑反映、眼睛观看、读出声音，是人们通过视觉材料获取信息、获得知识的过程。视觉材料主要是指文字和图片，包括符号、公式、图表等。

进入信息时代以后，诞生了电子图书阅读的概念，使得阅读的内涵与外延更加丰富多彩。

人类阅读的历史，一般是指从语言与文字的成熟开始。随着人类的发展，语言、文字诞生后，人们开始利用文字记录劳动、生活、大自然等发生的事情。这个时候，人们为了查找记录的内容，就有了阅读的概念。人类文字的内容从简单的大事记、雷电风暴现象、占卦等开始，直到经史子集内容的扩展，阅读的内容逐渐丰富起来。

一、传统阅读的概念

传统阅读是指人们对于传统书籍进行阅读，了解人文历史、获得各种知识的过程。一般情况下人们的阅读习惯表现为大声地朗读、不出声音地默读以及用眼睛快速进行浏览三种方式。也就是说朗读会发出声音，默读虽然听不见声音，实际上在默读的过程中仍然具有发声的动作完成，只是没有出声而已。大多数阅读者在默读时嘴唇是有反应的，这种阅读是人们日常比较常用的阅读方法。只有快速浏览的过程，基本是眼睛与大脑直接反应得出了信息判断结果，喉咙不发声音，大脑的潜意识里面也没有发出声音的指令，这种阅读的方法一般称之为视读或快读。视读的特点是直接、快速，阅读过程不发出声音，是由眼睛识别读物后直接作用于大脑皮层，迅速反映出阅读物中的具体内容。

进行大声朗读的阅读方法，一般用在低年级学生进行阅读训练的时候，先由老师带领进行领读，由学生对阅读的内容进行大声背诵，然后老师进行检查。播音、话剧、影视演员由于工作的需要，在学校里会开设专门的音准、阅读、朗读训练课程，都需要进行反复大声朗读练习。

阅读的标准不同，阅读的效果也不一样；阅读的标准是根据阅读的需要确定的，不同的阅读物，阅读的标准也不一样。阅读速度的快慢首先以阅读的质量与效果为前提，阅读不能仅看速度，更要看阅读以后的收获，囫囵吞枣、食之无味的阅读，实在没有任何意义。单纯就阅读速度而言，通过专业的训练以后，面对同样的阅读物，快速阅读的速度能比正常阅读的速度大约快出三倍以上。这种阅读速度需要技巧，一般需要进行单独训练才能完成。

不同的阅读方法，其阅读的效果是不一样的。现在，人们对于阅读采取的普遍分类标准是按照阅读的综合效率进行划分，主要分为精读、速读、略读和泛读等几种方法。精读是指读者阅读以后，必须掌握、记忆阅读物的内容，理解读物的重点。可以说这种阅读方法是要求最高的一种阅读方式，主要用于工作、学习和考试复习。速读是指对阅读物从头到尾进行快速阅读，在阅读中获取重要信息，记住主要内容。而略读是指选择阅读物的重点和要点，进行概要式阅读，获取大概内容，以便确定是否需要进一步阅读。泛读一般是指对阅读物进行随意性比较强的阅读，对于读物的选择目的性不强，也不要求强制性记忆。

阅读的功能与作用是多种多样的，如为了了解历史人文知识、为了获得新的科技知识、为了修身养性、为了提高自我水平等。由于阅读的目的不同、习惯不同、阅读的对象多种多样，所以阅读的方式方法也不尽一致。

对于中文传统阅读而言，一般分为以古籍为代表的古文阅读与以现代文为主的现代阅读；对于外文的阅读、其他民族文化书籍的阅读，也是传统阅读的重要内容。

在进入信息时代科技高度发达的今天，人们获取知识的方式、方法日益增多，特别是互联网、移动媒体带来的便利手段，让人大有眼花缭乱的感觉。但是，对于传统阅读，也就是纸质书籍文

献的阅读，仍然是大家进行阅读的最主要方式。在古代，古人为了阅读文献书籍，要受诸多客观条件的限制。一是当时的信息、交通极不发达。设想在一个没有现代通信、没有现代化交通工具的状况下，人们异地之间的信息交流与沟通是很不容易的。所以在交通不便、信息闭塞的地区，要想获得足够的文献书籍，就非常困难。二是古代的书籍最初大都是体积大、重量沉的羊皮、木牍、竹简等，这些载体容量小，携带也不方便，即使到了纸质文本书籍出现以后，仍然存在交流困难、携带不便的问题。三是书籍版本稀少、制作复杂、传播数量小，人们很难读到当时流通的全部文献书籍。以我国为例，在春秋时期，诸子百家争鸣出现了大量原创典籍，秦朝统一六国之后，发生了“焚书坑儒”事件，大量文献书籍被毁掉；两汉时期，中央政府开始注意搜集天下散佚、凌乱的文献典籍；唐宋以后，文献书籍才逐渐丰富起来。即便如此，在明清以前的朝代，大部分书籍都由中央政府管理，或是由藏书家放在藏书楼束之高阁，就是读书人也很难观其全貌。古人对书籍的阅读充满了神圣感，读书人对书籍怀有一种天然的敬畏心态，每当读书之际，必将焚香净手、正襟危坐、集中精力、平心静气，万不可有半点懈怠与不净之心。

所谓“敬惜字纸”，是古代读书人的一种风骨，是中华文化的精髓，是值得我们继承和发扬的一种传统美德。古人读书讲的是明事理、保气节、传世家。可见古代读书人，非常注重读书与修养，注重读书的内容与影响。

二、现代图书馆对阅读的影响

人类的阅读离不开书籍，没有书籍，阅读就成了空洞无物的概念。

在我国，文献书籍真正走向普通大众是五四运动以后，具有公共性质的国民图书馆诞生，终于结束了国人没有公共图书馆的历史。

据有关资料表明，“图书馆”一词1896年才由日本传入我国。1904年，我国第一所省级公共图书馆在湖南诞生。因此，相对西方发达国家来说，我国图书馆以及图书馆学的研究等涉及图书馆有关方面的内容，起步时没有什么基础，大多数是在借鉴西方现有成果的基础上开始的，具有起步晚、起点高的特点。图书馆是文献信息资源的集散地，是传播文献信息资源的枢纽，是图书典籍的主要收藏场所。

在图书馆文献典籍的馆藏建设上，不同的国家都有一定的原则和倾向。根据社会公共开发程度与专业要求，不同的图书馆在收藏图书的时候，也都有自己的设计与规划。我国也非常重视图书馆的建设与利用。

从近代以来西方公共图书馆的概念引入中国，在清末和民国初年得到初步发展，但是由于旧中国经济底子薄弱，在文化建设方面欠账太多，导致文盲人数与整个国家人数的比例严重失调，与西方资本主义发达国家的教育差别巨大，国民素质得不到有效提高，社会文化结构、经济结构以及政治生态具有先天性的缺陷，导致中华民族长期以来积贫积弱。新中国成立以来，中国人民发愤图强、自觉自立，克服种种困难，打破帝国主义的封锁，不仅在经济建设方面取得了可喜的成就，社会主义文明建设日新月异，而且在图书馆文化建设方面，加大投资力度，注重培养图书馆方面的管理人才，使我国的公共图书馆建设深入到社区与村庄，取得了前所未有的成绩。

建立图书馆的目的，是让广大民众多读书、读好书，增长知识，学习技能，提高自身素质，为社会主义建设服务。图书馆现

有的各种文献以及科技信息，为人们进行学习、工作、科研等提供服务，是人们实现自己的学习目标不可替代的桥梁与纽带。相比学校的教育，图书馆可以充分发挥自身的社会教育功能，举办各种讲座，开展灵活多样的读书活动、征文活动，打造成人民大众喜欢的学习园地与信息平台。

人们可以在图书馆借到想要阅读的图书，带回家或工作单位进行学习与研究；也可以在图书馆阅览室安静地读书学习、看报、欣赏美术作品。特别是学校里的图书馆，作为基本的教育设施，是配合学校进行辅导教育的重要组成部分。学校图书馆被誉为“知识的宝藏、思想的源泉”，是大学的智慧园地和第二课堂，为学生的学习、教职工的教学，承担了不可或缺的服务任务。

社会公共图书馆的责任是向社会开放，传播文化知识，最大限度地让所有人员获得更多的信息资源，让大家多读书、读好书，掌握学习的方法与技巧，培养社会人才，掌握终身学习所必需的技能。健康的文化娱乐活动，是人类社会生活中不可缺少的重要内容。图书馆的社会教育职能是多种多样的，完全可以在社会发展的新时代中发挥更多、更大的作用。

为了读者阅读的需要，图书采购是馆藏资源建设的重要前提，如何选择好的书籍、文献等资料，就显得非常重要。要根据图书馆的任务、服务对象和服务范围，结合图书市场的实际情况，做好周密的前期准备工作，制订出严格的采购计划；要根据实际情况、实践经验制定选书采购制度和工作程序，灵活地规定复本的标准，充分调查与搜集选购书刊的目录，作为采访购买书籍文献的参考。为了节省资金，还可以通过社会征求、捐赠、相互交换、传抄与复制等渠道，增加图书馆的图书、文献资料。在书籍典藏工作方面，图书馆要保障各种条件，保证图书安全，特别注意防火、防蛀；防止图书的损害、丢失；确保图书馆书库记录数据完

整、准确。要保证借书的方便与通畅，实行开放式借阅与图书馆馆员协助借阅相结合的办法，尽可能地发挥图书馆的业务功能。

要针对图书的遗失以及错放等情况，及时进行清书。所谓“清书”，顾名思义，就是图书馆要定期不定期地对馆藏书籍和文献资料进行清查与排序，为图书剔旧、更新数目打下基础，每次清书的数目可与上届数目进行比较，了解一定时期内图书馆书籍的增加、遗失、改装与作废情况，清书可发现应该重新装订、修补与作废的文献数目，以及文献、书籍的利用情况，为图书馆统计年报积累重要的资料。

图书馆的这一系列工作，都为读者的阅读方便创造了有利条件，以更好地利用图书馆，为广大读者服务打下了坚实的基础。

三、现代阅读的概念

古人阅读的图书文献资料，载体多为单一的竹简、木牍、羊皮或纸质文本，读物相对稀少、匮乏。

进入当代信息社会以后，各种书籍丰富多彩，人们阅读的途径与方式也大大改观，由单一的传统阅读方式，变成可以通过手机、网络、电子阅读器等工具进行阅读。现代阅读信息量大、方便快捷，特别是电子书籍出现以后，一定程度上改变了传统阅读的方式、方法。

现在所指的电子书，英文为 Electronic Book，也称电子图书、E 书，简称 eBook。电子书是在科技发展以后，利用现代信息技术创造的书籍文献、图画等，是一种全新的编辑、出版方式，简单地说就是将传统的书籍出版、印刷、发行方式，通过计算机转变成数字化形式进行传播、阅读。值得注意的是，电子书通常是指图书的具体内容，而不包括电子阅读器、计算机、手机等硬件。

事实上，有人也会把电子阅读器算作电子书，这混淆了电子书与硬件的区别，有待进一步商榷。电子书的出现，极大地方便了信息、文献、书籍、图画的存储与传播，人们可以随时进行阅读、查阅历史资料，获得实时更新的信息内容。电子书给大家的学习和工作带来了一场技术革命，是一个划时代的变革。比之传统图书，电子书最大的特点是存储的容量巨大、阅读快捷、界面美观、体积轻巧、携带方便、便于保存。

电子阅读一是要利用个人电脑（PC）、笔记型电脑（Notebook）、MP3、MP4、MP5、DVD Player 等硬件工具；二是必须要通过阅读软件进行阅读或播放；三是在线阅读、云阅读必须具备互联网的支持。

电子阅读器是专门用于显示书籍、杂志、报纸和其他印刷品等信息来源，为了显示文本而设计的电子设备。具有容量大、低能耗、分辨率高、携带方便的特点。大型阅读机则可提供更多的阅读、图文显示、视频等功能，特别是可以提供类似博客、网站、新闻推送等这些电子文档的访问。大多数的电子阅读器具有传统阅读所具备的一些功能，通常采用被称为“电子墨水”的技术调整字体大小，可以在属于自己的设备上存储书库，像纸质图书一样在文本上做批注、划重点，设置自己喜欢的个性书签。

现代阅读可以不用拿出专门时间、在课堂或书房里面对书本进行阅读。人们可以利用一些零散的时间，在一些场所，比如就餐前后，乘车、乘机等候的时间，甚至上卫生间的时候，利用点滴时间浏览信息，如看书、听新闻；也可以拿着手机或小阅读器躺在床上，博览群书，畅游信息的海洋。但也有人认为，现代的电子阅读方式，虽然能够获得大量知识、信息，但还是不能与阅读传统纸质书籍相提并论。电子图书的阅读给人一种浅尝辄止、快速阅读的印象，被称为“浅阅读”；相比之下，对于纸质文本

文献书籍资料的阅读，能够让人平心静气，进入深度思考的状态，有一种特别的仪式感、享受感。

传统阅读，特别是古人阅读，讲究的是一种境界、品格。阅读之时，自有一股缭绕身心、心旷神怡的“书香”，具有一种别致的味道，就像吸吮甘洌的清泉、闻到百花盛开的芳香；或者回到远古的乡间小道、杨柳飘飘的河畔、战马嘶鸣的古战场……因此，阅读是一种不可言喻的精神享受，让人摆脱俗冗、功利，让心灵得到慰藉，让生活充满阳光，让精神得到升华。当然，人们也可以通过阅读，畅游科学的天空，天马行空，进入幻想的天地，然后脚踏实地，创造出人类的科学成果。

读书具有艺术性，读书具有科学性，如果在读书的过程中能够提升自我，善于处理矛盾，化难为易，举重若轻，就能起到事半功倍的效果。读书不仅仅是获得知识，实现个人能力、思想境界、品德修养的提高，更重要的是要对书中的知识、信息进行处理，理论联系实际，将其转化为服务于人类社会的动力，回馈大众。

第三节　阅读的变化

无论是传统阅读，还是现代电子图书的阅读，我们都不能忘记了读书的宗旨。不能为了读书而读书，读书的形式千变万化，但读书的最终目的还是利己、利人、回报社会。

一、阅读内容的变化

随着时代的变化，人们阅读的内容也在相应发生变化与发展。这是历史发展的必然选择，是人类进步的具体表现。

在个人读书的选择上，要注意结合自己的实际情况与社会发展的状况，确定读书的内容。在传统读书的概念里，人们比较注重人文书籍的选择。古人把“耕读传家”“书香门第”看得尤为重要。在选择图书的时候，首先是儒家的“四书五经”。四书五经，是“四书”与“五经”的合称。在中国众多的传统典籍当中，四书五经自始至终占据着相当重要的位置。四书是指《大学》《中庸》《论语》与《孟子》这四部作品。五经则包括《诗经》《尚书》《礼记》《易经》《春秋》。其中五经之一的《春秋》采用了提纲挈领式的文字，由于文字过于简略，通常与解释《春秋》的《左传》《公羊传》《谷梁传》分别进行合刊编著。五经是儒家作为研究基础的古代五本经典书籍的合称，相传这五本经典都由孔子进行编辑或修订。秦始皇“焚书坑儒”对于儒家经典毁坏很大，据说随着秦朝焚烧书籍的大火，《乐经》自此灭绝失传。到了东汉时期，儒学得到重视，便在此基础上加上《论语》《孝经》，形成了七经版本；唐朝时，又加上《周礼》《礼记》《公羊传》《谷梁传》《尔雅》，变成十二经版本；宋时又加上《孟子》一书，形成宋刻版本《十三经注疏》传于后世。“十三经”是儒家文化的核心内容与基本著作，传统学术观点认为，《易经》《诗经》《尚书》《礼记》《春秋》谓之“经”；《左传》《公羊传》《谷梁传》属于《春秋》之“传”；《孝经》《论语》《孟子》均为“记”；《尔雅》则是汉代经师的训诂之作。后来几经变化，形成现在的五经版本：《诗经》《尚书》《礼记》《易经》《春秋》。

五经之书始于汉武帝时期，而四书之名则从宋朝开始。四书五经是我国早期思想文化发展史上的里程碑，是翔实地记载了当时的政治、军事、外交、文化等各个方面的历史资料、经典文献。

宋朝的大儒朱熹经过潜心研究，分别为《大学》《中庸》《论

语》与《孟子》这四部作品作了注解和阐述。《大学》与《中庸》的注解、阐释叫作“章句”；《论语》《孟子》的注释，因为引用他人的说法、理解比较多，有集体注释的意思，所以称为“集注”。在宋朝朱熹编著的时候，所编定的《四书》次序本来是按照《大学》《论语》《孟子》《中庸》进行排列，内容是由浅入深的顺序。但是后人觉着《大学》《中庸》的篇幅较短，为了刻写出版的方便，就放到了最前面，形成了目前通行的版本：《大学》《中庸》《论语》《孟子》的排列顺序。朱熹对于《四书》的理解与注释融会贯通，既吸取了前人的思想精华，也舍弃了一些缺点，加上自己的独到见解与创新的学术观念，可以说经世致用，受到儒学弟子以及朝廷的肯定。朱熹之前，程颢、程颐兄弟作为儒学的优秀学者，对儒学的理解学习具有独到见解与创新。朱熹在程颢、程颐兄弟儒学经典见解的基础上，进一步完善了“四书”的注释内容，形成了著名的“程朱理学”，地位逐步上升。朱熹去世后，“程朱理学”更加成熟与理性，朝廷便把朱熹、程颢、程颐编定注释的《四书》审定为官书，从此长盛不衰，作为孔孟的经典著作流传、盛行起来。

元代延佑年间（1314—1320），朝廷开始恢复科举考试。中央政府正式把出题范围限制在程朱编注的《四书》范围里面，进一步强化了其在儒学界的地位。明、清科举制度基本沿袭了元代制订的方案，逐渐完善、衍生出“八股文”考试制度。就连考试的题目也都出自程朱所注的《四书》之中，可见其重要程度。

可以说，《四书》不仅是孔孟儒学的经典之作，还是古代每个读书人潜心研读的必修书目。到了近代，《四书》进一步得到重视，还被编入小学教科书。

《大学》原本是儒学著作《礼记》中的一篇文章，在南宋以前从未单独刊印出版。据说是孔子弟子曾参的作品。自唐代韩愈等大学者大加推崇、宣传《大学》与《中庸》，世人皆以为是。

至北宋时期，程颢、程颐深研习读、熟读《大学》与《中庸》，继而百般褒奖、大肆宣扬，其儒学地位得到确立。直到南宋朱熹孜孜不倦，在继承二程思想的基础上进一步完善，学术上炉火纯青，几近尽善尽美，便把《大学》从《礼记》中抽出来，与《论语》《孟子》《中庸》列到同等地位。后来朱熹呕心沥血撰写《四书章句集注》，便把《大学》列成了《四书》之首。朱熹和宋代另一位著名儒学家程颐的看法一样，对《大学》推崇至极，认为《大学》是孔子及其门徒留下来的宝贵遗产，是儒家学派必备的入门读物。所以，朱熹把《大学》列为“四书”之首，可见其重视程度之高。

五四运动以后，西学渐进，孔孟之学受到破坏，儒家经典遭到前所未有的冷落。

二、阅读形式的变化

所谓阅读形式，一般是指阅读的具体方式。古代的竹简书，是用细绳把一片片刻满字句的竹片并联在一起，最终形成一卷书的概念；近代以前的纸质书籍，版式为竖版，从上至下阅读；到了近代才逐渐把图书版面设计为横版，阅读习惯改为左右进行阅读。

古人读书，青灯一盏、面壁十年，真的是体现了“书山有路勤为径，学海无涯苦作舟”的读书精神。包括凿壁偷光等大家耳熟能详的一些读书故事，都在感动着一代代读书人。

到了现代，进入信息时代以后，人们的阅读方式随着科学技术的进步，也逐渐发生了变化。电子图书的阅读与纸质图书的阅读方式有着根本性的区别，比如纸质图书的字号、光线等会受到一定自然条件的制约，电子图书的阅读形式则发生了很大变化。

第一，电子文献、书籍等文件的数字化，使文件的记录方式、存储形式都发生了根本性的变革。一方面它改变了以纸质为主的传统信息承载介质，让原来的看得见摸得着的实物载体，包括纸张、胶片、录像带及其他实物介质，逐渐转化为计算机存储方式。新媒体的计算机存储形式以磁盘、光盘等为主要介质，并通过互联网实现网络化链接，可以完成快速传输、保存、阅读。电子文件实现数字化的结果，从某种程度上说可以逐渐实现无纸办公、减少纸张制造的污染，对于办公环境、自然环境的保护都是一件好事。与此同时，信息数字化以后，信息处理的质量和速度不断提高，在传递过程中节约了时间成本，大大提高了生产和管理的效率。电子文件的特点之一，是可以利用计算机进行高速检索。计算机具有高速运算能力和强大的逻辑判断能力，在文献书籍数字化以后，人们可以在计算机支持的信息系统中，迅速、多方位、准确地检索到所需要的信息，其效率是人工检索纸质图书资料无法比拟的。

第二，电子文件信息实现数字化以后，可以借助通信网络进行远距离、高速的传送，实现快速交流、沟通，在现代工作、生活中发挥着传统文件和手工劳动根本无法比拟的优势和特殊功能。特别是进入信息化时代以来，高速互联网基础设施快速发展，电缆通信、光缆通信的发展突飞猛进，特别是从 1995 年开始互联网在世界范围内实现了国际商业化，形成了一个全新、完整、快速的网络格局，从而使得原来的电子信息传递交流中，由于文件过大造成的阻碍、机器的缺陷以及一些人为屏障等缺点全部得到克服。

第三，电子文件克服了单一化模式，能集成多元化信息，更有利于发挥电子文件信息资源的共享、切换、整合互联作用。在计算机系统以及其他信息接口，电子文件可以运用科学的多媒体

技术，做到图、文、声等全面显示的三维立体效果，真实地模拟、还原事件的场景，然后根据需要，可以很方便地把信息从一种媒介转换到另一种媒介进行阅读、观看。这种实现共享而不损害其本身完整性的优势，充分体现了信息资源较之于传统材料和能量资源的最大特点。并且电子资源可以从其原来的载体上剥离，按照需求与其他形式的载体相结合，进行形式多样的显示、输出以后达到共享的目的。

第四，符合组建国家综合信息统一网络系统的战略规划，计算机和网络通信技术的广泛普及运用，在技术上给予了可靠保障。从现代国家治理的结构与社会形态看，信息产业发展的程度高低，国家所组建的信息系统是否完善、先进、科学，已经成为衡量一个国家是否发达的重要指标。1950 年，联合国教科文组织针对信息社会到来的特点，提出进一步完善档案信息系统、筹划组建“国家信息系统”的指导思想。

随着计算机技术的进步与发展，图书馆的文献典籍结构包括图书的形式都在迅速地发生变化，电子文献出现了爆发式增长，打破了纸质文献在历史上长期占据统治地位的格局，逐渐形成了电子读物与纸质文献、书籍共同增长的态势。从历史的发展来看，新型的图书载体取代旧的载体，经过不断完善与进步，是未来发展的一种趋势。有的学者提出，随着科学技术的进一步发展，今后电子文献典籍终将取代纸质图书、文献。会不会像历史上那样，纸质图书出现以后，竹简等旧的文献载体就退出了历史舞台？对此，人们已经做过很多假设与议论。

随着网络的普及和电子出版物的增加，电子文献、书籍、媒体等将越来越多地进入大众的工作、生活以及其他社会领域，用户的体验与使用越来越多，读者使用后的感觉也越来越好。但就目前情况来看，电子文献也不可能一下子就替代了纸质文

献、纸质书籍、纸质的其他媒体等载体，在现在相当长的一段时期内，二者将各显特色，实现相互促进、优势互补、相互融合的共同生存状态。

三、阅读习惯的变化

进入信息时代以后，随着人们阅读内容、阅读方式、阅读环境的变化，人们的阅读目的、阅读习惯也会随之发生改变。

一是阅读的环境方面，人们过去大多喜欢在清净、封闭的环境里面读书、做笔记、思考问题。一本书、一杯茶、一种心情、一段记忆就出来了。或者，可以邀三五好友共同欣赏美文，说出心中的感受，表达出你的愉悦之情。

在网络环境下，电子文献是个开放的平台，一本好的书籍被读者阅读以后，一旦发表溢于言表的读后感，人们就会马上进行评论、查阅，写出自己的心得体会。也就是说电子文献可不受时间、地域的限制，被多人同时访问、同时讨论，十分方便又互不干扰。即使很多人需要某一资料、某一文章、某一书籍等文献，也可以同时利用自己的设备通过网络进行浏览，根据需要下载共享性的文献、书籍等信息资源。人们虽然远隔千山万水，坐在家里就可以快捷地查询、检索和获取自己感兴趣的书籍、新闻、科技、商业等信息，真正达到了“不出门尽知天下事”的效果。原来人们进行阅读的时候，发现比较好的句子、段落内容，需要手抄记录下来。后来随着科技发展有了复印机、扫描仪，可以把需要的内容进行扫描、复印。现在你发现了好的诗词歌赋、好的文章、有用的学习资料等，只要动动鼠标，进行复制粘贴，保存到自己的硬盘、优盘等电子设备上面，就可以随时查阅，或者打印出纸质资料进行长期保存。

二是查阅的速度发生了根本变化。原来阅读的内容大都是单纯的文字版本，或者带有插图的纸质书籍文献。电子文献出现以后，内容逐渐丰富起来，不仅具有文字等静态信息，而且已经发展成集图、文、声、像于一体的立体动态文献，关键是可以了解到实时更新的内容，查阅到最新的信息。这些信息的获得快捷、方便、成本低廉，可以多次、反复、任意地进行编辑存储，形式多种多样，内容丰富多彩，阅读效果生动直观，能够让读者很快进入角色，对自己所需要的文献、信息内容进行记忆、理解和吸收。

对于书籍等资料的查阅，特别是对古典书籍的阅读、检索，过去都是靠人工进行，时间长、准确率低、整理速度慢等，都是制约读者进行有效学习的难题。电子文献的检索则方便快捷，深受读者的欢迎。电子文献的特点是具有全文数据库的结构，加上科学的检索软件，通过数据库、索引文件、超文本等技术链接处理后，可以使文献信息按自身逻辑结构重新组合，形成相互联系、相互融合的网状结构。读者在查阅文献信息的时候，只要输入“篇名”“作者”“主要字段内容”等关键词语，就可以通过计算机检索软件，自动检索出所需查阅的文献，极大地提高了检索效率，方便读者有效地选择自己需要阅读的书籍、信息。

三是文献载体的材料、体积、规格等都发生了变化，携带方便的程度不一样。自从书籍产生以来，传统的读书人认为，纸质书籍可以随身携带，率性阅读，便慢慢对纸质文献的阅读养成了习惯，天长日久便特别钟情于阅读时那种纸墨的感觉，逐渐形成了对于纸质书籍书香的一种依恋。据有关研究资料表明，在电子图书出现以后，即使在美国、英国、欧洲等电子网络比较发达的国家，图书馆自动化虽然进一步完善，但是大多数读者的习惯，依然是热衷于纸质书籍的阅读。纸质文献自从诞生已经具有几千多年的历史，发展到今天，无论是纸张的制作生产，还是图书的编辑、生产与发行，都已建立了比较完善发达的体系。在图书内容的权威性、知识性、科学评价等方面，书籍、报刊的出版部门以及管理机构，都建立健全了学术评审委员会，以各种措施保证学术水平，出版高质量文献。而且为了保护读者权益，保护普通社会人群、保护社会伦理和社会道德，维护社会稳定，传统纸质图书文献的编辑、制作和传播，不仅会受到社会道德的审查，还会受到有关政府部门的政治、业务审查，以确保编辑出版内容、印刷的质量。

这种长期以来一直与纸质文献相伴形成的阅读习惯，就传统阅读者而言，显然已经深入人心。传统阅读纸质图书的好处是，只要阅读环境稳定、光线自然柔和，即使长时间进行阅读，对视力造成的影响也不是很大，阅读效果相对比较理想。在自然环境没有电源与其他辅助设备的情况下，人们可以在自然光线下面进行书籍阅读。在人类文明历史发展的过程中，纸质文献在传播文明、保存历史资料、传承文化遗产等方面发挥了巨大作用。由于纸质文献的载体与书籍文献的实质内容是密不可分的，也就是说只要纸质这个介质保护好了，就等于完整地保护了图书文献信息。在人类不断进化的过程中，针对文献书籍的保护与修复，人们发明了很多办法，在温度、湿度、光照、存放设施以及搬运使用等方面，都积累了一些丰富的经验，可以让纸质书籍、文献等资料长期保存。另外，在书籍、科技文献等知识产权和版权保护方面，纸质文献通过较长时间的探索，已建立了相对比较健全的法律法规，使得传统出版的文献典籍在知识产权和版权上，得到了法律的有效保护。

由于纸质文献的稳定性、直观性等特点，使得纸质出版的书籍、文献等仍具有强大的生命力。相比之下电子文献会随着机器设备的更新，带来一些不确定性，信息的保存具有一定的局限性。这些情况使得纸质文献在相当长的时期内，仍将肩负着保存人类文化遗产、文献信息的主要职能。据初步估算，全世界各种出版机构正式出版的图书大约有390万种；正规出版发行的报纸杂志近400万种；专利、论文、会议等文献资料有210万件（篇）以上。这些内容大部分都是通过纸张进行印刷的产品。

就当前的情况分析，传统的纸质图书文献仍然存在着巨大的市场潜力，表现出强大的生命力，但也存在着一些缺陷和不足。一是纸质文献受自然条件的限制，容易发生变质、虫蛀、自然老化的问题；在复制文献内容的时候，需要大量的人力和时间；制作纸张的时候，会耗费很多优质木材，不利于环境保护。二是相比于电子文献，其纸质文献介质的存储空间有限，使得文献本身所含的信息不大，而且呈现的多为单一文字信息模式；在检索、查阅的时候，也多有不便。

四、现代阅读的利弊

现代电子读物，一般都是通过计算机等电子设备进行阅读或播放，快捷、方便、具有还原现场的真实性等优点。

但是电子文献的阅读，一是离不开计算机、阅读器、手机等电子设备，不像传统文献书籍那样，只是单纯的一本纸质印刷品；二是阅读的时候，必须有软件支持与电源供给，离开了电源支持就阅读不了；三是网络文献的阅读，还必须具备能够互联互通的网络支持，否则就没法传输数字文件，达不到阅读的基本条件。具备了这些条件后，在阅读的过程中，还需要借助计算机、阅读机、手机屏幕进行阅读、观看，长时间近距离的注视、观看，容易造成眼睛的疲劳、酸痛，由于计算机等电子设备具有一定的辐射性，还会引起某些身体部位的不适。所以，电子读物的阅读舒适性，比起传统纸质文献书籍差别较大。通常情况下，大多数读者的阅读习惯是，先在计算机上进行专题检索和浏览，下载需要的信息。对于需要仔细品味阅读的大部头书籍文献，一般都是阅读传统的纸质版本。

电子文献在发展的初期阶段，由于缺乏统一的管理机制，单纯的电子文献出版比较简单，不像纸质文献那样经过严格的编审制度，其人员的专业性不够，相对而言无法保证文献质量，电子文献的可信度较低。包括在知识产权的保护方面，也存在着一些问题。在网络环境下的电子文献，通过代码方式发布后，往往导致各类作品之间内容界限模糊、形式雷同，相互之间的作品复制、渗透时有发生，影响了知识产权和版权的有效保护。

在电子文献的保存问题上，电子文献的体现形式是载体与信息分离，因此在保存、保护的过程中比较复杂，必须实现对载体和信息内容的分别保护。在电子读物载体保护方面，以光盘、硬盘等为存储载体的电子出版物，由于对温度和湿度的要求比较高，所以在存储、收藏的时候，如果时间过长，难度也比较大。

现行电子文献的保护没有很大的进展，一般采取两种方法：一种是不断地转换存储文件的格式；另一种是保存原有的阅读设备和软件。实事求是地讲，这两种保存、保护的方法都存在着一定的缺陷和不足，需要进一步改进、完善。

尽管电子文献有这样那样的缺点与不足，但其本身具有的一些天然的优势，是传统文献所无法达到的。电子文献的本身体积不大，但信息存储容量惊人。比如存储 1993—1999 年《全国报刊索引》全部内容，只需要一张小小的光盘就解决了。相比传统文献的收藏，节约了文献典籍的大量存储空间，特别是为图书馆、个人收藏提供了方便。

在传播方式、方法改变以后，电子文献的传输速度大大加快，传播的空间、范围非常广阔。原来传统文献的物流传递过程，离不开人力的搬运、舟车的运输，即使是现代化的交通工具，比如高铁、飞机，相比于电子文献的传递，其速度也是无法与之相比的。高速网络的概念就是，在世界上任何一个地方，只要是网络用户，只需几秒钟便可进行远距离、高速度传输，收到用户所需的大量文献、信息。现在作为互联网的用户，已经跨越了国家之间的地域界限，实现了互联网信息资源共同开发、共同利用，真正实现了“地球村”资源共享的状况。

电子文献自从诞生，经过纸质文献的竞争、排斥、融合过程，目前已经呈现出二者互为补充、互为竞争、彼此共存、整体结构逐步调整的阶段。传统的纸质出版物，已经不是原来传统编辑、排版、印刷的概念。从电子邮件收稿开始变革，在电脑编辑稿件、电脑排版印刷等现代科学技术的运用中，传统文献的制作、出版、传播等，也潜移默化地在与电子科技的融合中不断进步。

有学者认为，互联网的诞生以及旺盛的发展势头，加上电子出版物的出现，纸质文献面临的挑战是不容忽视、非常现实的问题。也许会如同历史上报刊、电视、广播的竞争那样，最终达成共存共荣的一种平衡。互联网、电子出版物、新兴网络媒体、移动媒体等新兴载体的出现与完善，不会导致传统印刷型为主的纸质文献的消亡，最终可能会形成一种新的平衡。

第三章

阅读的目的

人类的进化，是一个不断积累文化知识，形成文明遗产的过程。在人类关于自然、生活、社会、文化等方面的文献、典籍逐渐积累起来以后，人类的后代开始学习、继承先人与大自然相处的智慧，从中汲取各种经验与教训，是人类文明进步的重要表现。

阅读的目的有很多，根本目的就是学习、继承人类进步发展的文明成果，为个人、社会的发展积蓄力量，汲取有益的养分。

第一节 阅读的基本要求

阅读是一门艺术，是人们进行学习的基本方法之一。阅读需要技巧，需要进行系统的训练，需要认真、科学地选择读书的书目与类别；阅读的目的不同，阅读的对象也要做出相应的调整。

一、阅读是当代人类进行学习的一个基本要求

一个孩子降生到人间，从牙牙学语开始，就在储备着语言的基本能力，为阅读开始做准备。到了上学的时候，阅读又变成最基础的学习课程。如果不会阅读，一定程度上就没法进行学习。语文、数学、物理、化学等，哪一门学科也离不开阅读，不会阅读就失去了学习的基本能力。

可以想象如果没有文字，阅读是进行不下去的，那么人类最早的语言究竟是什么呢？尽管有学者不断提出一些研究成果，但是事实上到目前为止，谁也没有拿出真正让人们信服的证据能够表明，人，最早说话的那个人，那些族群，终究说了些什么。但是可以肯定的是，在人类的进化过程中，语言的产生不是一蹴而就的，在短时间内就开口说出完整的句子，犹如现在人类熟悉语法、讲究逻辑一样，是根本不可能的事情。如果说语言是人类与生俱来的功能，那就无法解释人类的进化以及今天人们仍然需要继续学习语言的问题。

大量科学证据得出结论，人类的沟通与其他动物之间的交流存在着很大的差异。在表达形式上，现在发现的所有人类的语言，几乎都要通过连词形成比较完整的句子，描述某种事物的概念。从现代语法的角度看，一个词组、一个句子的完成，特别是一个

比较复杂的复合句子的组成，都有语法的规则起着标准化的作用，起着连接作用的主要元素是连词。包括在一些简单的句子里面，如果没有连词的作用，意思就不会完整。

在世界各地现存的语言中，你会发现不管是任何人，包括世界上的所有人种，都会在自己生存的环境里面，学会自己的母语；即使人种不同语言不同，只要你长时间在一个语言环境里面进行学习，你就能够掌握这个环境的语言，很快将其变成属于自己的第一语言。那么这一现象是否说明，人类的语言基因都来自祖先最早的一个“集群密码”？对此，人们开始搜集世界各地语言中大量重复出现而又非常相似、相同的音节以及词汇，进行仔细对比、研究、模拟、筛选后认为，人类不同语言反复出现的这些音节，可能就是人类“始祖语言”留下的一些遗迹密码。这些蛛丝马迹，也许就是破解人类祖先语言产生的途径。

在全世界所有人种中，不管是非洲的原始部落，还是欧洲、亚洲、美洲、大洋洲等所有地域的人种，也不管是使用什么语言，你会发现一些非同一般的现象，那就是人类的哭泣、大笑发出的声音，包括恐惧发出的声音，都是一样的。这说明什么问题呢？笔者认为可能这才是人类祖先基因里面保留的最完整的语言密码。

在儿童刚刚开始学习语言的时候，你会发现“m”这个音节，几乎是全世界的孩子最早发出的声音，并由此延伸到人类使用最早、频率最高的“妈妈”一词。还有一些类似的感叹词，发出的声音也都非常相近。

从人类最初生存的环境看，当时人们在合作狩猎的时候，包括物品进行交易的时候，最需要的沟通语言是什么？由此可以大胆地推测，人类最早出现的语言、词语应该是表达最简单意思的一些单音节词汇，像“看”“吃”“听”等。包括“who，

what，two，water”（谁，什么，2，水）等词语。

在人类早期的语言中，在遇到危险的时候，会发出不同语言的警告，就连一些动物，像幼猴也必须首先学会这些基本的“词语”，否则就会面临生死的危险。

其实，人类语言的产生既是人类进化生存的需要，也是人类生理自然发育的结果，这二者的关系是主观与客观的统一，是相互依存、相互促进、交互发展的关系。一方面人类面对大自然的恶劣环境，要在饥寒交迫中生活，这是客观存在的现实，需要人类去搏斗、去适应、去开拓一条发展之路；另一方面，人类的大脑日益发达，正在逐步适应环境，进而实行一些学之有效的办法满足自身生理的诉求，这个时候语言会随着大脑神经系统的不断完善、四肢分工的完成、直立行走的成功，从喉咙中发出自己的心声。

语言学家马克·佩吉尔以及他率领的团队，通过对人类早期一些语言的研究发现，那些在人们使用时间较长并且在相当长的历史时期内变化不大的简单词语，进化最缓慢的是数字 1 ～ 5 这几个数词；还包括“who，what”等，巧合的是，这个研究结果与美国加州斯坦福大学的语言学家梅瑞特·鲁莱恩对人类不同语言有相似音节的研究结论，有着相似之处。另外，研究发现，一些简单的词汇，即使没有连词的出现，有时也能形成意思完整的句子，比如“看，兔子”。在最早人类出现的简单词汇中，还有一些简单的社交词汇，像“你”“我”，“是”“不是”等阅读语言。最近，有些学者研究发现，人类关于笑的声音、哭的声音，以及“huh”（哼！哈！一般表示轻蔑、疑问或惊异等意思），在全球任何语种的使用中，都是基本一样的意思。

人类的阅读，就是从这些简单的词语发声开始，逐渐发展起来的。通过阅读，人们从中获得知识、技能，产生智慧，在不断

发展的人类社会中走向未来。

在孩童的记忆里留下什么样的思想，对于其今后成长中树立正确的世界观、价值观，乃至一生的成长都非常重要。

二、阅读需要对书目进行优化与选择

在阅读书目的选择上，要重视浅显之作，也就是要注重基础读物的选择与利用。中国古代的启蒙读物大都是从《三字经》《百家姓》《千字文》等开始，然后循序渐进，开始读“四书五经”、学习珠算以及算科等内容。到了现在，小学的课本也是由浅入深，语文利用汉语拼音从汉字开始学习，数学从阿拉伯数字学起，在掌握了基本常用的汉字以后，逐步加大学习力度，从一般句子到小篇幅文章，开始有了阅读的概念。

所以，在选取启蒙读物的过程中，一定要选择言简意赅，读起来朗朗上口，便于记忆，内容精干的经典读本。阅读的时候，首先要选取浅显易懂的内容进行学习，掌握学习语言的技能。读书是一个慢慢深入、由浅入深、渐入佳境的过程，小学生一开始的启蒙读物也应是比较经典的。其实从某种程度上看，越是觉着简单的阅读内容，里面却可能隐藏着很多通俗易懂、寓意深刻的大道理。特别是在孩子打基础的时候，阅读什么样的书籍非常重要。

启蒙的概念，一般是指通过学习指导，使社会大众明事理、接受新事物而不断发展进步的宣传教育活动。清代刘献廷在《广阳杂记·卷三》中写道：“嗟乎，物理幽玄，人知浅眇，安得一切智人出兴于世，作大归依，为我启蒙发覆耶！”讲的就是开导蒙昧，使之明白事理的启蒙概念。启蒙可以使初学者得到基本的、入门的基础知识。孩童时期，处于懵懵懂懂状态，一切都是新鲜的，因此需要进行启蒙教育，为其将来走向社会打下必要的基础。

普通大众，由于思想的局限性，在面临变革的新时代来临之际，也需要通过宣传教育，了解新事物、接受新事物。

吴玉章先生在《论辛亥革命》一文中写道：“革命派在辛亥革命以前尽管做了许多政治鼓动，并且做了一些启蒙工作，但是因为内容过于简单，同时也没有在理论上做详细的说明，以致未能攻破封建主义的思想堡垒。”对于社会的改革，需要不断进行宣传教育，探讨发展的方向与目标；同样，科技的研发与进步也需要进行科学技术的启蒙与教育。在启蒙教育的规划上，中国古代历朝历代都做过很多尝试与探讨，并最终在教育实践中，确定了方向与目标。

《幼学琼林》是中国古代启蒙教育的儿童读物，本书最早名为《幼学须知》，又称《成语考》《故事寻源》。作者是明末的西昌人程登吉，字允升。

这本著名的儿童教育启蒙读物写于明代末年，其实里面的内容已经流传了数百年甚至更长的时间，都是中华民族口口相传的经典故事，可以说上到天文下到地理，社会风俗、人情世故、衣食住行，内容琳琅满目、包罗万象，家庭教育、社会公德教育、如何读书考试、养花种草农耕桑田等方面都涉猎到了，包括中国历史上代代传颂赞扬的知名人士以及他们的事迹，也都进行了刊载。《幼学琼林》在程登吉版本的基础上，历经明、清、民国几代人的不断修改，拾遗补阙，不断完善发展，内容变得更加精练，句子使用上采取骈文对仗格式，读起来押韵上口便于记忆，不仅受到儿童的喜爱，而且慢慢地成为老少皆宜的读物。书中对许多成语出处进行了介绍，让读者可以通过这些典故进一步了解成语的出处。

书中还有许多警句、格言，至今仍然传诵不绝。但是书中也有一些不妥、落后的观点，值得我们注意。

关于人类的教育，特别是关于儿童的教育，世界上各个民族都存在着如何制订教育计划、编辑教材等一系列问题。一个有远见的民族与国家，教育一定要从儿童时代抓起，才能更好地传承人类优秀的文化遗产，通过努力学习各种知识，学会技能，培养家国情怀，为社会的发展做出自己的贡献。

俄国儿童教育历史上，一些比较有影响的儿童读物，在启蒙教育的运动中逐渐产生。针对当时国民教育的现状，俄国的文学大师列夫·托尔斯泰，于 1871 ～ 1872 年间结合教育实际情况专心于启蒙教育的探索与研究，并在雅斯纳亚·波利亚纳学校进行教育实践，为学校的学生专门编写了一本启蒙教育读物《启蒙读本》。这个启蒙读本采用艺术化的方式，尽可能地把人文地理、社会公德以及一些科学知识等内容包括进来，内容丰富多彩，涉及社会与自然的方方面面。

这部由托尔斯泰亲自编写的《启蒙读本》自问世以来，受到大众的喜爱，仅列夫·托尔斯泰在世时就重印了近 30 次。迄今在欧美已经先后出版了 300 多版，累计销售量逾千万册。如今在欧美的文学界、教育界以及大众的观念中，《启蒙读本》已被视为经典性的启蒙学教育读本，一直深受欢迎，畅销不衰。

《启蒙读本》所涉及的俄国国民教育问题，在当时显然是个需要尽快解决的问题。托尔斯泰的目的是非常明确的，呈现了教育平等的价值观。他自称编著这本书的宗旨在于教育俄国“整整两代的孩子”——“不管沙皇的孩子还是农民的孩子”。这部书共包括 373 篇作品，大部分是文学方面的内容，也有关于自然科学的，但总的来说思想倾向于保守。

特别是在当时对于儿童采取科学启蒙教育的大环境下，托尔斯泰却不同意这种教学方法，他的偏于保守、墨守成规的做法，显然遭到进步人士的坚决反对，并由此引发了多次公开辩论。新

式教育强调必须执行教育的规则与计划，进行按部就班的培训、学习，不然就达不到教育的目的。

但《启蒙读本》的可取之处在于它摆脱了当时新教育学简单、机械的教学方法；《启蒙读本》内容丰富，强调的是利用民间故事传说中精彩的故事情节，潜移默化地对儿童进行启蒙教育，寓教于乐，目标明确，语言上简洁生动、内容上趣味盎然，可以让儿童摆脱人为制造的学习压力，轻轻松松地吸取各种知识。

特别是 1875 年经过他重新修改的《新启蒙读本》，有了很大改观，深受欢迎。

中华人民共和国成立以后，我国的教育事业得到很快提升，小学启蒙教育课本几经改革，已经初步形成了一套完整的小学教材教学体系。值得注意的是，近年来随着国学热的兴起，一些学校，特别是私立学校，都相继开展了古典启蒙教材的开发与学习。这种有益的尝试，受到一些家长的欢迎，也得到了社会的肯定。

在完成启蒙教育以后，人们对于阅读物的选择，应该根据个人具体情况决定阅读的书目。一是要选择经典的大众读物，包括中外名著、名人传记等人文历史方面的书籍；二是要根据自己的工作、生活现状，选取对于工作有利的专业书籍进行研读学习；三是要根据时代的发展情况，搜集新的文献书籍信息，跟上时代的步伐，选择实用的、科技类的书目进行阅读学习。

三、阅读需要进行科学系统的训练

阅读，不管你出于什么样的目的与爱好，都需要进行训练。对于从事阅读有关的专业人员，则需要进行专业、系统、有规划的训练。

首先在指导思想上，要有阅读的概念与意识。也就是要了解

阅读的目的、方式方法，掌握阅读的一些基本技能。就一般读者而言，在阅读的时候，需要掌握基本的语法、章节、审美等概念。

语法又称文法，是语言学的一个分支，简单地讲就是说话、写文章的时候，用词组成句子的方法。语法的逻辑规则是在人类长期进化过程中逐渐形成的，是随着语言的发展逐步出现并进一步完善、规范的过程。通俗地讲，语法就是通常说的语句顺畅，表达事件完整清晰，人物描写准确生动。懂得语法的人说起话来有理有据、头头是道、生动活泼，没有含混不清、词不达意、答非所问的情况。按照语法规则，可以利用汉语组成很多词语与句子，这种组合的方法是语法的基本功能。

懂得语法的人，写起文章来才能合乎规范，在写作时能够根据体裁的变化使用不同的语句，准确地表达思想。比如书信往来的语言表达，有着特定的格式和语言，如果没有遵循这些约定俗成的格式，就会引起不必要的误会和麻烦。也就是说，历史的文章与书籍，需要用历史的语言方法去写作，人们常说的“春秋笔法”，就是描写历史事件、人物的一种典型方法。同样，哲学必须有哲学的语言、哲学的思想；法律有法律的术语、法律的逻辑；小说、散文、戏曲、诗词歌赋的语言与手法，则有着独特的艺术特色。

所以，不懂语法，阅读的时候就很难读懂文章，更谈不上欣赏了。

语法具有生成性、系统性、递归性、稳固性、民族性等属性，这些都为人们更好地进行阅读奠定了基础。

第一，语法规则的生成性。主要表现在组合关系和聚合关系两个方面。这就像数字的排列组合一样，按照语法主谓宾定状补等规则，利用数千个汉字、词语进行组合，创造出众多不重复的句子，这种方法让汉语在使用起来的时候，释放了极大的创造力与想象力，让人们在写文章的时候能够文采飞扬，不断生成具有

感染力、逻辑性强、准确率高的语句。

第二，语法的系统性。一是指语言构成的体系具有严密的逻辑性，字、词、短语之间既能互动产生新的词汇与句子，又在一定的规则下具有不可替代的作用；二是语法、句法以及语言在具体使用的时候，体现出不同的规则架构，成立体状态进入自己的演绎体系，也就是说语法的系统之内存在着很多分类系统，语素有语素的规律，词汇有词汇的使用方法，句子有句子的架构，短语有短语的组合方式，等等。这些分类系统组成了语法的整个组合系统。

第三，语法的递归性。是指语法里面的语言、词汇、句法、短语等结构规则可以反复运用,并不断地进行同功能单位地替换。但是在组成词汇、句子的时候可以进行多种形式的变化与发展，让语言变得更加丰富多彩，组合出大量的词汇、句子与短语。

第四，语法的稳固性。就汉语的语法而言，字词、句子、短语按照一定语法规则进行组合使用，具有相对的稳定性，一个字的语音生成，词汇的诞生，语句的组合，短语的出现，会在相当长一段时间内进行使用，相对而言语法的稳定性更长久一些，不会因为一时的变化而改变长期形成的法则。

第五，语法的民族性。语法是体现语言组织结构、使用方法的规则，由于各个民族语言的体系不同、使用的范围不同、风土人情不同等，每个民族语言的语法都具有自己的特点。象形文字语言的语法与拉丁语系、日耳曼语系的语法，有着明显的区别。

在阅读的时候，特别是在阅读翻译作品的时候，如果把原著与非原著的翻译作品进行比较阅读，语法的区别就会清晰地显现出来。包括英语里的倒装句，无论是结构还是意思，都与汉语里的倒装句，有着很大的差异性。古汉语语法与现代语言的语法也存在着一定差别，比如数词与名词的组合一般要在中间加一个量

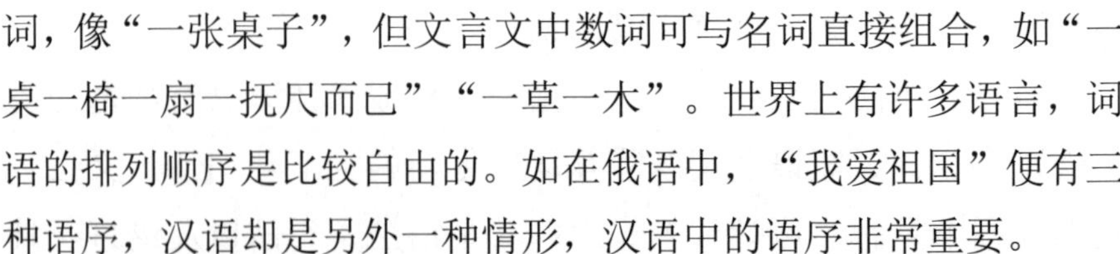

词，像“一张桌子”，但文言文中数词可与名词直接组合，如“一桌一椅一扇一抚尺而已”“一草一木”。世界上有许多语言，词语的排列顺序是比较自由的。如在俄语中，“我爱祖国”便有三种语序，汉语却是另外一种情形，汉语中的语序非常重要。

可以说一旦熟悉了语法这个工具，在阅读的时候就能够字字清晰，句句明白。然后根据章节，或有条不紊循序渐进地阅读，或选取重要的章节进行阅读，都可以做到游刃有余。

关于阅读的专业训练，一般是指对于新闻广播、文字工作者等特殊行业人员的训练。比如进行速度的训练，对于阅读时语音、声调的训练等，都属于专业训练的范畴。

读书是个循序渐进的过程，需要实事求是地制订自己的阅读计划，特别是处于业务学习阶段的人们，应该首先从自己学习的专业入手，解决迫切的问题，通俗地讲就是缺什么补什么，取人之长补己之短，不断丰富自己的学业课程，慢慢积累更多的知识，不可贪大求全、盲目激进。只有潜下了心来，平心静气地精研细读，才能达到由精到专、由专到广的目的。

第二节　阅读的基本目的

人们读书的目的就是要有所收获，是要在书籍中学到前人的经验，吸取人生的教训，以更好地生活学习，报答父母的养育之恩，报效祖国，为社会做出自己应有的贡献。如果读书一无所获，那只能是浪费时间，耗费生命；读书让我们获得有用的知识，陶冶情操；读书让我们不断获得新的信息，具有很强的现实意义。

一、阅读是获取知识的一个重要途径

人们获得知识，一是父母、老师等身边的人进行言传身教；二是从孩童时期，通过启蒙教育、中小学教育、大学教育等过程，获得基本的社会、生活、劳动等知识与技能；三是在掌握语言文字工具具备自学能力以后，通过不断地读书学习，不断获得各种知识与信息，达到学以致用的目的。

从古代的经典启蒙读物《三字经》《百家姓》《千字文》等开始，中华民族的子孙，一直恪守着祖先的谆谆教诲，在阅读中孕育出一代代优秀的中华儿女。《三字经》《百家姓》与《千字文》的历史地位很高，是“三大”经典国学启蒙读物，被称为“三百千”经典教材，是中华民族创造的珍贵文化遗产。《三字经》内容短小精悍、寓意深刻、通俗易懂、便于记忆、代代流传，看似浅显，实则寓意深刻。三字经采取“三个字”组成一句话的方法，开头就是“人之初，性本善。性相近，习相远”，让人们朗读起来韵味十足，可以在阅读时摇头晃脑、自得其乐，在不知不觉中领会中华民族传统文化的精神，了解了人类文明发展的历史，掌握社会、自然、生活、劳动、学习等方面的知识。其独特的思想价值，优秀的内容编排，凸显了特有的文化魅力，早已被奉为民族文化的经典。作为中国的青少年，更应该在人生的启蒙时期，了解自己民族的文化特色，传承中华民族文化的精华，这是中华民族的骄傲。

一个人在成长的过程中，一般要经过学前启蒙教育，小学、中学、大学等教育阶段，然后步入社会成家立业，进行工作、劳动、生活。试想，这期间人们要读多少精彩的美文？唐代华丽的诗篇，宋代婉约的词调，元代悠悠如歌的赋曲，明清出现的《三国演义》《水浒传》《红楼梦》等小说，尽管经过岁月的不断洗

礼，但那些让你终生难忘的经典美文，会永远保留在我们的脑海里，成为美好的记忆。

这就是阅读的力量，这就是民族经典的魅力。我们的祖先，为我们留下了琳琅满目、奇珍异宝般的经典篇章，其中许多诗词歌赋、文章著作，让人回肠荡气、感慨万千，既充满着人生的哲理、散发着迷人的生活气息，又充满着智慧的光芒，洋溢着挥之不去的书香气息，成为千百年来人们一直追逐、享用的无价之宝。

关于《百家姓》与《三字经》《千字文》的区别，明代理学家吕坤曾说过："初入社学八岁以下者，先读《三字经》以习见闻，读《百家姓》以便日用，读《千字文》以明义理。"

据说《三字经》是宋朝王应麟先生的作品，内容大都采用韵文方式编排，读起来就像一首诗一样，每三字组成一句，四句成一组；《三字经》的特点是背诵起来如同唱儿歌一般，所以用来教育子女的时候，感觉朗朗上口十分有趣，可以引起孩子的注意，达到启迪心智、寓教于乐的目的。《三字经》成书后，时人甚是喜爱，觉得书中内容非常适合教育儿童，便纷纷翻印，进行广泛传播；历经风雨，经久不衰，一代代广为传颂，终成为历朝历代最重要的经典儿童启蒙教材。

随着时间的推移，在不同历史时期，后人对《三字经》的内容都有所修改或增加。迄今为止，我们所见的最早版本，是宋末元初的 1068 字本；其次是明代的 1092 字本，明末的 1122 字本；以及清初的 1140 字本及 1170 字本等多个版本。明清时期，开始出现相关注解本、插图本，比如《增补三字经》《节增三字经》和《广三字经》等。清末民初的著名学者章太炎先生，编有《三字经》增订本，可以说是近一个世纪以来流传最广的版本。

历经风风雨雨，阅尽人间沧桑，《三字经》不卑不亢、不骄不躁，在当代人看来，她不仅属于中国，是中华民族的优秀遗产，也是

世界人民的文明进步的精华与象征。1990 年出版的英文译本《三字经》，如今已被联合国教科文组织选入“儿童道德丛书”出版发行，作为经典书籍在世界范围进行宣传推广。作为当代中国的青少年，在人生的黄金季节，正是人生观、世界观、价值观形成的时候，更应该了解、学习自己民族的优秀文化，继承和发扬光大民族文化的精髓，为中华民族伟大复兴的梦想而孜孜不倦地读书、读好书。

作为现在的人们，由于古文与现代文字的区别，以及思想认识的不一致等原因，对于我国古典文化的阅读可能存在着一些困难，正是由于这些原因，我们更应该加强古典文化的学习力度，不然随着时间的推移就有可能把这些无价的明珠，遗忘在黑夜的星空里。

相对于《三字经》，作为古代启蒙读物的《百家姓》全文只有 568 个字，是一部记录我国姓氏的文集，言简意赅，句句押韵，通篇全部采用四言体例，对姓氏进行了排列。

《百家姓》的开头是“赵钱孙李，周吴郑王……”，据说这个以谁为姓氏的开端也很有讲究。一是因为《百家姓》是在宋朝的时候写成，那个时候当朝皇帝姓赵，赵乃本朝国姓，当然要排第一；二是作者姓钱，是作者的本姓，加之钱姓也是宋家前朝吴王的姓氏，孙氏、李氏也是名门望族，由于作者的倾向性很强，所以就出现了这么个排序。

虽然在文理上《百家姓》本身的内容没有实际的联系，但读起来却朗朗上口，通俗易懂，便于记忆，堪称姓氏经典简史。

第一，《百家姓》不像《三字经》那样，在组合的时候具有实质性的内容，可以表达出很多文章的含义，属于纯工具性的姓氏排列，这也是为什么看起来“百家姓”只是对于姓氏的排列组合，真正读起来却感到具有内在的逻辑关系，实在是难能可贵。

第二，《百家姓》的实质是记录人类家族传承的历史，让人们可以追溯到一个家族的历史源头，从宗族观念讲是个优良的传统，可以让每一个族群的发展具有一个清晰的脉络，便于团结族人抱团生存，特别是在社会没有发展到一定文明程度的时候，这种宗族观念对于应对外族侵略，克服水患、暴风、地震等自然灾害的影响，具有很大的帮助。时至今日，在我国一些地区，这种宗族观念仍然存在，祠堂就是整个家族的膜拜之地，族长是这个家族的最具权威的领导者。

第三，作为姓氏文化的杰作，《百家姓》记录了人类族人的分枝历史，以中华民族汉族姓氏为例，现在全国总的姓氏为 504 个，其中包括单姓 444 个，还有复姓 60 个。从这些姓氏看，中华民族的姓氏也在不断发展融合的过程中逐渐扩大，好多姓氏属于外来民族与中原民族结合以后，新增加的姓氏。

第四，更重要的是，作为姓氏学开篇之作的《百家姓》所代表的姓氏族谱文化，让人们从遗传学的角度知道自己属于哪个姓氏、处于几代几辈的状态，避免近亲结婚，比如“不出五代”不能结亲，就是约定成俗的规则，现在看来非常科学有效。不管你在世界的任何一个地方，只要说出你的姓氏，拿出你的家谱族系表，就会找到你同根同源的祖先。

应该说中华民族这个姓氏族谱文化历经数千年的发展，已经非常完善，在世界姓氏研究方面具有很大的参考价值。

为了解决儿童启蒙教育阅读物不足的问题，我国古代历朝历代都想方设法编辑一些适合儿童教育的通俗读物。比如秦代最早出现的《仓颉篇》，就是依照仓颉造字的传说编纂而来，后来秦代又编辑了《爰历篇》；到了汉代出现了编辑儿童启蒙读物的一个小高潮，其中有司马相如编写的《凡将篇》、蔡邕的《劝学篇》、贾鲂的《滂喜篇》、史游的《急就章》；三国时代尽管时局动荡不安，但是仍有《始学篇》《广苍》和《埤苍》等著作问世。

但是随着时代的发展，原来编写的一些启蒙读物，慢慢已不能胜任教育儿童的任务。流传到南北朝时期，出现了权威性、可读性、阅读率下降的现象。人们急需一本比较权威、通俗易懂的儿童启蒙读物。就是在这样的背景下，《千字文》诞生了。

千字文，也就是由一千个汉字组成、四字一句的韵文版本，由南北朝时期梁朝散骑侍郎、给事中周兴嗣编纂而成。南朝时期，梁武帝肖衍（公元 502—549）在位期间，为了教育帝王的后代，开始组织人员编辑一些教材性质的读物。在学习书法的时候，就让学士们从王羲之的书法作品当中，精挑细选了 1000 个具有代表性的汉字，这些字体神态各异，也不重复，需要进行一个排序。文采卓尔不凡的员外散骑侍郎周兴嗣接受了这一任务，左思右想，忽然间才思喷涌，昼夜之间竟然排成 250 个排比句，每句四字，顺达通畅，读之或抑扬顿挫或平白如话，真可谓雅俗共赏、相得益彰，令人赞不绝口、感慨不已。

《千字文》编写以后，受到后人们的追捧与欢迎。除了成为广泛阅读的儿童启蒙读物外，还受到文人墨客的青睐，上至皇帝、朝廷官员，下至普通读书人，都以“千字文”为字帖进行书法练习与创作，留下了很多诸如智永和尚、怀素、宋徽宗、赵孟頫、文徵明等书法大家的《千字文》墨迹。如今，《千字文》已经被译成英语、法语、意大利语等多种版本，发行于全世界。

二、阅读是一个民族自强不息的重要标志

阅读是一个民族自强不息的重要标志，选择对了阅读物，正确地进行阅读学习，对于一个人的一生、对于一个国家和民族，

具有重要的战略意义。

一个国家、一个民族的历史，记载着这一方的人民生生不息、艰苦奋斗的辉煌历程。朝代的兴亡更迭、战争、地震、瘟疫、洪水等，这一切的变化与发展，都要你去细细地进行解读、学习、继承与发扬，这就是一个民族自强不息的重要标志，是一个国家与民族的灵魂所在。

俄国作家高尔基在谈到读书的时候，说过一句话："我扑在书上，就像饥饿的人扑在面包上。"的确，书就像食物一样，自古以来就受到大众的追捧，特别深受读书人的喜爱，成为人们不可或缺的精神食粮。

可以说大凡学识渊博的人，都是通过勤奋读书、刻苦学习，日积月累实现的。尤其是古代的读书人，在这方面给我们做出了榜样，树立了不少刻苦读书、被后人传为佳话的典范。是阅读各种有益的书籍给人们带来了知识、智慧与快乐；是阅读经典书籍的收获，给一个民族、一个国家带来了活力，带来了发展的勃勃生机，带来了社会不断改革前进的动力。

从古至今，读书人奋发读书的故事广泛流传着，激励着我们永不懈怠，不断地读书学习。隋朝的李密在朝廷做官，后来被隋炀帝解除公职。回到家的时候没有灰心丧气，而是开始刻苦读书，下决心做一个勤学苦练的读书人。有一次他骑着牛出门去看朋友，临走还在牛角上挂上一卷《汉书》，边走边读起来。不知不觉，李密走在路上引起人们的好奇与关注，就问他："什么书让你勤奋到这种地步？"李密随口说是《项羽传》。后来李密"牛角挂书"勤奋读书的故事就传开了。

大家熟悉的"囊萤映雪"这个典故，是指利用口袋里萤火虫的光和雪的反光，在夜间进行读书，也是由两个古人读书的传说故事而来。囊萤，就是用袋子装萤火虫；映雪，就是雪地反射出

来的光。车胤是晋代南平人氏，酷爱读书，手不释卷，博学多才，终成晋朝一代名臣。车胤小的时候，读书非常用功，但家里一贫如洗，用不起灯油。夏天的夜晚，车胤就捉来十几只萤火虫装在白布袋子里，利用萤火虫发出的光亮读书。于是“囊萤夜读”这个典故，就越传越广，成为人们学习读书的榜样，激励着一代代刻苦读书、奋发努力、乐此不疲的读书人。同样，在南朝时期有个叫孙康的，也是家贫无钱买灯烛。为了读书，孙康时常在大冬天的晚上，借着雪地的映光读书。这就是“囊萤映雪”这个典故的由来，后人以此作为勤学读书的典范。

汉代的匡衡勤奋读书而没有灯烛，看见隔壁邻居家晚上有烛光照耀，就在自家墙壁上凿了一个小洞，借着隔壁透进来的一束微光，读书学习。成语“凿壁偷光”的典故，便由此而来。

东周洛阳人苏秦，是战国时期著名的“纵横论”游说专家，最辉煌的时候，曾挂六国相印。早年就立志发愤读书，有时候读书困倦了打瞌睡，他就用锥子刺一下大腿，惊醒之后接着再读，最终成为少有的博学多才者，做了六国的宰相。汉朝的孙敬读书困倦时，将头发用绳子拴在房梁上，一打盹拴在梁上的头发就会被拽得生疼，在疼痛中惊醒后，再继续读书，终于成为一代大儒。这就是“头悬梁，锥刺股”的故事。

古人刻苦读书的故事还有很多，孔子韦编三绝、董仲舒目不窥园、司马光设立警枕、刘勰佛殿借读等，都在激励着后代的读书人。

三、阅读是一种美好的精神活动

阅读，让人变得沉静；阅读，让人变得文明；阅读，让人变得爱人爱己爱国爱家；阅读，让人变得爱憎分明、慷慨激昂……

阅读，让人变得高尚、完美；阅读，使人类走出了蛮荒；阅读，使人类有了自己的历史……

显然，人类的文明与阅读密不可分，一部人类文明的发展史便是一部阅读史。

一个不会读书、不喜欢读书的民族，是一个没有希望的民族。古今中外，大凡有成就的人，有希望的民族，有前途的国家，都是从读书学习开始，改变了自己的命运。历史是一面镜子，读史使人明辨是非；哲学是人类思想的精华，学习哲学让人头脑变得条理清晰；数理化，会把你带进科学的殿堂，让你在孜孜不倦、感叹不已之间，自觉不自觉地开始探讨科学的秘密；文学丰富多彩，诗词歌赋、小说、戏剧，当你读到这些优秀作品的时候，你会情不自禁地进入心旷神怡的精神世界，畅游在知识的海洋里，享受着无穷的人生乐趣。大多数人认为，好的阅读，理想的阅读，高尚的阅读，高效快速的阅读，有规划、有逻辑的阅读，应该从基础的、经典的门类开始，这应该是阅读的核心所在。

什么是经典？经典是经过一代代的读书人大浪淘沙，筛选、沉淀、凝练出来对人类生存、发展、学习思考有着重要意义的，人们不能离开的精神财富。这些经典包括人文的、自然的、地理的，等等，是有益于人类精神的精华。对于阅读，经典是一种至高无上的东西。在人文方面，那些圣洁的、空灵的、美的、深邃的、雅致的、飘逸的、庄重的、欢快的、忧郁的、奋进的、悲悯的、富有诗意的、让人陶醉不已的东西，便是经典的符号与内容。

一次愉快的阅读，就是一次令人难以忘怀的神游。古人在读书与旅游的关系上，做过精彩的描述：读万卷书，行万里路。这个说法很有意义，但这二者的关系不是先后关系，不是说读书与旅行哪一个更重要的问题，而是读书与旅行是一个相互融合、相互关联、相互促进的共同任务，决不能厚此薄彼。如果你仅仅是为了旅游，

那与普通的走路又有什么区别呢？行万里路的目的，是为了验证读书的经验，验证书本里面的道理，简单地说就是把书本上学到的东西应用到实践当中去，就是理论联系实际的过程，达到学以致用、活学活用的效果。如果你只知道低着头走路，或者是走马观花、浮光掠影地跑一圈，花了钱付出了时间和精力，回过头来仔细一想，什么也没记住，什么名山大川的来历，什么历史名城的辉煌过去，通通一概不知，那还不如围着操场或者沿着马路跑步锻炼身体来得划算。

气势宏伟历史悠久的故宫、巍峨壮观的岱庙、文化底蕴十足的曲阜三孔，正是因为有了文化的照耀，有着读书人不断汲取的养分，这些伟大的文化遗址，才没有变成被时间风化的标本，而是在千百年风风雨雨的历史进程中，展现出了强大的生命力。

阅读就是一场人生修行。在人的一生中，从幼年开始阅读启蒙读物，到上学以后接触更多的文化知识，人是在不断阅读书籍的过程中成长起来的。即使到了成年，读完了大学，你仍然要面对许多不断更新的知识，需要继续学习。只有读书的时候，你的内心世界才会沉浸在知识的海洋里，乘风破浪，走向一个个知识的高山与大河，让灵魂在五彩缤纷的精神世界里自由地飞翔。比如，去绍兴一趟，去喝一碗那辣得出奇、味道怪怪的雄黄酒，去尝一尝那坚硬传奇的茴香豆，去看看那小镇上的一草一木，触摸那古老建筑的一砖一瓦，坐在那个久违的小酒馆里面，想象着当年鲁迅笔下的那个孔乙己到底是怎样的一种生活状态。你去了，思考了，思绪万千，感慨不已之际，内心那种莫名的快感与收获，就深深地埋藏了下来。但是，如果你没有读过鲁迅先生的《孔乙己》，你对鲁迅笔下的孔乙己，对那穿着脏兮兮长袍马褂的老先生一点概念也没有，没有关于那个时代的一丁点儿记忆，你去绍兴看到的也就是普通的沿街小铺子，与其他卖饭卖酒的小店没有

什么不同，因为这里面少了一个戴着瓜皮帽、穿着长袍马褂、说起话来文绉绉酸溜溜、每天都来小酌一杯、活生生的孔乙己先生。如果你对敦煌一点概念都没有，就无法明白古代丝绸之路是多么繁忙，在各民族的联系沟通中起了多大的作用，究竟是怎样伟大的壮举，产生了多么灿烂的文化遗产。余秋雨先生的《阳关雪》写得如诗如画、仿佛让人看到了皑皑白雪中西出阳关无故人的画面，正如文中所言：“这里正是中华历史的荒原：如雨的马蹄、如雷的呐喊，如注的热血。”这种苍茫茫的关山白雪，一望无际的深邃大地，不由地会给人一种“大漠孤烟直，长河落日圆”的感觉。

当然，如果你读了很多书，读了很多经典的好书，做了一些思考与总结，胸中千万诗意待释放，这个时候你再去敦煌看看，你心里就有了那种金戈铁马、车水马龙的历史画面，知道敦煌壁画的博大精深与深刻的艺术内涵；你熟读了中国的那段历史，你看到大气磅礴的长城，看到那些残垣断壁，你会立即联想到烽火连天的岁月，想到“烽火连三月，家书抵万金”的感慨，那满目的山川，仿佛在诉说着长城内外一幕幕金戈铁马的历史画面。

在故宫里，你看到了什么？是青砖的厚重，还是红瓦的灿烂？当你在大前门驻足沉思着、观看着，走进天安门广场，走进天安门，走进故宫的深处，你眼睛看到的建筑物布满了岁月的沧桑，斑驳陆离的花岗岩、纵横交错的灰色大砖已经磨平了所有的棱角，什么雕梁画栋、红墙金瓦，似乎都在诉说着昔日富有传奇的宫中故事。是欢声笑语，还是腥风血雨？又有谁知道这些帝王被困在孤独、冰冷、处处设防的大院中，是多么的孤独与无奈。在这里，从明朝朱棣开始，到清王朝的覆灭，一代代帝王将相，为了守住这份帝王大业、守住自己的权力与财富，或兢兢业业、鞠躬尽瘁，或荒淫无道、放纵疯狂，或留名千古，或遗臭万年……

在故宫后面的景山，极目远眺，看着故宫的中轴线，这个时候你又在想什么？又是怎样的一种体会？也许你会看着渐渐远去的历史背影，感慨着历史竟然如此惊人地相似，嗟叹不已。清代文人张潮对于读书有着特殊的感悟："善读书者，无之而非书：山水亦书也，棋酒亦书也，花月亦书也。善游山水者，无之而非山水：书史亦山水也，诗酒亦山水也，花月亦山水也。"文章是山水，山水是文章。人生无处不是阅读地，处处都是读书场。读书可以改变人的气质，读书可以改变一个人的生活轨迹。一个人的气质，似乎是看不见摸不着的东西，是一个人内心深处的修养和才华，是一个人的综合素质在日常生活中的切实体现，优雅的言谈举止，会让人更有魅力和亲和力。所以作为读书人，每次看到一本好书，读到一本经典著作，你会又激动又感动。激动有这么好的书可以选择，可以给你生活的方向，给你丰富的精神食粮。感动作者的文笔与思想，感谢作者毫无保留地和盘托出他的人生经验，分享他们的喜怒哀乐，供大家学习好的经验，吸取人生的教训，这就是读书的好处、读书的乐趣。

在闲暇之余，你可以选一本喜欢的书，从励志作品到小说，再到管理、科技读物，还有散文、诗歌，也可以读一些专业方面的书，你可以随兴趣和时间，率性地读，随意地读。有些人喜欢阅读人物传记，人物传记的特点是真人真事，具有真实感。可以说一本人物传记，就是一个人一生的写照，从出生开始，不到百年的丰富人生，经验与教训，成功与失败，喜怒哀乐的经历，都写在几百页纸里面。每看完一本人物传记，就好像自己也经历过和传主一样的人生，用心去体会每一本书里的每一个人物、每一个故事，跟着书里的脉络，起起伏伏，或哭或笑，畅游在另一个精神世界和环境里，感受着人生真实的生活与感悟。那种莫名的感动和心痛的心情，也许只有书本可以赋予我们，对比现实的环境，那些嘈杂的声音，那些忙忙碌碌、拥挤不堪，你会感受到从未有过的感觉，听到你内心真实的声音。

读书的过程其实也是与作者交流的过程，与书籍的交流过程，更是一种自我交流的方式与过程，你不但能看到作者的人生经历、作者的思想、作者的素养，也能透过这面镜子，看清自己真实的人生环境和精神状态。

第三节 当代阅读的目标

书籍的阅读与收藏是相辅相成的、互相依存的关系。古今中外的读书人、爱书人都会为自己制定一个目标，然后想方设法去实现这个读书的理想。就个人而言，由于各种客观条件的限制，自己买书、藏书的数量与种类都具有一定的局限性。所以读书需要充分、巧妙地利用社会资源，尤其是要利用好身边的图书馆资源。

有人说，买书不如借书，借书不如读书。意思是说有些人买了书不一定读就束之高阁，不如根据自己的读书爱好去借书；有些人借了书也不一定去读，还不如去图书馆进行现场阅读。由此看来，书籍不是用来储存的，而是用来借阅的。为社会大众读者服务的公共性，是现代图书馆的最大特征，它不仅保持了传统图书馆的储存、收藏功能，更加偏重于文化知识的传播，为广大读者开辟了广泛的阅读渠道。面向大众的公共图书馆以图书的借阅、阅读为中心功能，实现了书籍和知识的公共化、社会化和民主化。

一、充分利用个人以及公共图书馆的资源进行阅读

就现代人而言，从幼儿园、小学开始，就已经进行有意无意的阅读，课外读物越来越丰富多彩。儿童读物的内容也由过去单一的文字模式、图文模式，进一步扩展到声音、文字、图画、影像等多维阅读模式。

在阅读传统纸质书籍的时候，有些人可能除了上学的时候用过的教材，手头上的书不会太多。要想读到更多的书，要么去书店购买，要么去朋友那里借阅。但最好的办法，还是利用身边图书馆，选择自己喜欢的书籍进行阅读。乡村图书室、社区图书馆、学校图书馆、公共图书馆都可以进行借阅。

阅读的前提是要根据自己的实际情况，制订一个初步的阅读计划，可以先把古代的经典文化梳理一下，特别是在青少年时期打下一个牢固的基础。对于中国的古典诗词，大家都有着普遍的爱好。古典诗词的概念比较宽泛，是中国传统文化的精华与代表，阅读起来朗朗上口。不管是韵文还是散文，从形式到内容，都是靠词语积累起来的，阅读多了，理解了诗词的写作规律，对于阅读其他的典籍文献，也可以起到触类旁通的效果。

我们阅读古代诗词、散文是为了提升个人的文学修养、文化底蕴，了解国学的博大精深。近年来国学热度有些升温，好多地方相继开办了国学班。针对国学的书籍、教材也出版了一些，有针对成年人的，也有专门针对少年儿童的，都可以参考。与此同时，网络读物越来越丰富多彩，甚至有些让读者目不暇接。这种现象出现以后，最大的好处是把阅读的内容快速扩展开来，读者不再担心手头“无书可读”，只要你坐在计算机前打开网络，打开手机，打开电子阅读器，你就可以读到海量级的文献典籍，大量不断更新的信息内容扑面而来，令人耳目一新、应接不暇。

同传统的纸质印刷品读物相比，现代的电子出版物具有信息时代突出的几个特点。一是增加了立体感和形象感。电子出版物媒体表现形式多样，在传统文字的基础上，利用声音、图像、动画等媒体进行制作，在阅读、观看的时候显得直观、生动、形象，超越了传统阅读的概念，克服了传统印刷品阅读的抽象、枯燥感。特别是教育类电子图书的开发，能够以声音、图像、文字的方式进行播放，这种声情并茂的形式，便于读者理解和记忆，给读者、学习者带来一种全新的感觉。二是增加了音乐背景，把传统书籍单纯的读文看图变成了观看与欣赏。电子出版物经过科技手段，制造出了多维、立体的丰富效果，增强了观赏性，真正达到了寓教于乐的目的。特别是音乐类出版物在介绍音乐界名人及其作品时，以往只能看书面文字或图片介绍，现在学习者可以直接收听到音乐，看到音乐家如何进行演奏。三是查阅快速方便，可以随时切换阅读内容，进行交叉阅读，增加了阅读的信息量，方便读者对于不同内容进行对比。多媒体电脑使用的特点是可以通过窗口界面和下拉式菜单，使读者通过计算机与网络的多种信息媒体进行交互式操作。在阅读电子出版物时，读者通过交互界面可以方便、快捷地阅读或检索，也可以增加对信息的注意力和理解，延长信息保留的时间。

电子出版物的发展，使出版事业焕发了青春，带来了美好的前景，同时也给传统纸质出版行业带来挑战，对人类的科学、文化和教育都将产生深远的影响。人们可以进行自由阅读的书籍越来越多，一个小小的芯片，可以容纳一座图书馆的内容，甚至可以实现人人都拥有一座属于自己的“图书馆”的梦想。

但是，不管电子图书文献多么丰富，就目前而言，电子出版物仍然不能完全替代纸质图书的作用，不能替代传统图书馆的功能。当你走进图书馆，随着读者的人流浏览书架上那些琳琅满目、看得见摸得着、散发着墨香的书籍时，你会有一种冲动，恨不能把所有的书籍都拿过来一睹为快。

二、信息科技的发展是否会影响阅读的感受

随着信息科技时代的到来，图书的概念发生了变化，阅读也不再是原来的含义。你可以拿着一本纸质书籍进行阅读，也可以在网络上搜索你喜欢的电子图书。可以通过专门的阅读器，也可以通过手机随时随地阅读图书，看到第一时间发生的新闻、各种信息。这些阅读的方式方法虽然变化了，但是阅读的内容却是一致的。当然，利用多媒体可以使阅读达到声情并茂的效果，改变你的阅读感受。

在信息时代网络日益发达的今天，人们阅读的形式变了，阅读的环境变了，阅读的内容也由单纯的纸面文字，变得越来越丰富多彩，甚至配上了音乐背景、动画、图案等。更重要的变化是，人们阅读的方式发生了重大变化，阅读的时间非常不固定，或者说可以随时利用一些闲暇时间进行阅读，即使在没有光线的情况下，人们也可以通过阅读器、手机的语音版进行“听书”。其实“听书”的概念自古有之，途径包括说书场、广播电视、收音机等，其效果与自己阅读的效果没有本质性的差别。在古代，好多人不识字，说书人承担着很大的文化传播作用，深受广大民众的喜爱。现在听书则是通过读书软件的音频播放功能，把你想要阅读的书籍语音化，让读者（特别是视力有障碍的读者）更加方便。随着网络的逐渐普及，人们利用电脑、手机等电子设备随时可以相互联系，把自己的读书心得和好的书籍进行分享，文化传播的速度、时效大大加强。

这种现代阅读方式的变化是划时代的，与传统图书的阅读方

式方法形成了鲜明的对比。在阅读传统图书的时候，如果你没有专门的时间与书房空间的支持，比如在茶余饭后，上班的路上，出差的火车、飞机上等不太方便的时候，我们充其量可以携带一本书进行阅读，而且还会感到诸多的不便。但是如果利用手机或者移动式阅读器进行阅读，你可以随时检索自己喜欢的书籍、新闻、广告信息等资料，然后选取喜欢阅读的内容进行欣赏。看累了的时候，可以听一听音乐，可以伴随着音乐看书，这在传统纸质图书的阅读过程中就很难做到。

在进行电子阅读的过程中，人们为了阅读、沟通、交流的方便，会在电子图书中加注自己的备注、批阅、心得，有时候会利用一些简单的符号或字母快速表达自己的想法。

于是原来传统的文字、书面语言随着语言环境的变化，也在发生潜移默化的变化。语言学家柯立斯特在研究比较后指出，语音通话、语音留言、聊天室、即时通信等新的通信模式，都在潜移默化地改变着人们的交流方式、语言的传统表达功能，特别是对于书面化语言的影响更加突出，慢慢形成了有网络特色的语言，人们叫作网络语言。网络语言的概念非常广泛，是随着网络的发展而不断丰富起来的，是网民自发形成、约定成俗的一些表达方式。随着网络交流的增加，网上的人们开始利用一些特定的方式进行沟通交流。这些英语字母、简洁的画面、汉字等标识，用的人多了，在网络上得到认可，就开始流行起来，直到正式文本也受到或多或少的改变，成为人们现代交往中必不可少的一种工具。

所谓网络语言一般有两种含义：一是专业术语，即互联网计算机技术与应用中的相关词汇；二是人们利用计算机互联网媒介进行沟通交际，以及表达活动时所使用的语言。网络语言是伴随着网络的兴起而出现的语言现象，这种新的语言，显然有别于传统纸质平面媒介的语言文字形式。

除去网络专业术语这个专业因素，对于现在通行的网络语言，目前已经出现了一个极具规模的网络使用群体，并且在不断地向外界扩展，向网络以外的媒介传播。这些网络语言的最初形态比较简单，主要是利用阿拉伯数字、汉语拼音、英文字母、图案等表达一些特定的含义。可以想象第一个使用这种网络语言符号的网民，首先需要一个响应者，随后会有更多的人进行呼应，于是使用的人越来越多，慢慢地在约定俗成后，自然而然就会成为新的网络语言。而如果它无法适应网络环境，无人呼应，经不起时间的考验，将很快在网络上消失。

网络语言在我国的萌芽阶段，应该是在 20 世纪 80 年代末 90 年代初，当时的情况是中国的网络还不是很发达，使用计算机进行学习、工作的人不是很多，也没有智能手机，人们在计算机营造的网络沟通中感到兴奋不已，有些人为了可以让网速快一点，改在深夜上网，甚至通宵不睡，一丝不苟地与自己的网友交流互动。慢慢地，人们交往的词汇中就有了网友、网民的概念，然后什么潜水、灌水、楼主、楼上、楼下、点赞的大拇指、笑脸、挥手的动作、冒热气的杯子、88 等网络语言都出现了。对于刚上网络不太熟悉流程的人就叫“新手上路”或者“菜鸟”，这都是自然形成的现象。

其实有好多网络语言是人们原来就在口语中使用的，诙谐幽默甚至有些略显粗俗。所以在谈到一些网络语言不太规范、不太文明的时候，有网民就提出有些本来就在人们的口语中时常使用的短语，为什么不能用来在网络上表达情感呢？至于这些网络语言能够维持多久，只能随着时间的推移得出结论。

目前，网络语言的发展已经引起国家语言文字改革委员会的重视，认为对于网络语言的规范管理还处于研究探讨阶段，还没有一个成熟的方案可供执行。从国际上网络语言的发展情况看，基本是遵循了约定成俗、大家认可、社会跟进的原则。一些权威词典已经收录了部分网络语言，2011 年，网络语“lol”这个少为人知、不知何意的字母组合，被正式收入牛津英语词典中。我国的情况是，2011 年正式出版发行的《汉语新词词典（2005—2010）》，像“菜鸟”“大虾”“灌水”之类，能够反映出新事物、使用频率较高的一些网络语言，考虑到被大家所接受的程度，已被收录进来。事实上，网络语言正在走进普通大众非网络状态的语言环境中，人们在交往的时候，会自觉不自觉地使用网络语言，反而会觉着比较自然。就连一些主要媒体在一些文章中，也开始使用网络语言，比如“给力”“点赞”等就登上过《人民日报》的版面。

随着信息时代网络的飞速发展，人们对于网络的使用频率和依赖程度大大提高，网民的概念已经表现为一个庞大的群体，网民的素质也发生了根本性的变化，许多学者开始关注网络语言的发展状况，甚至提出了“网络语言学”的研究课题。2000 年，中国的学者周海中教授发表了《一门崭新的语言学科——网络语言学》，最早提出了“网络语言学”的概念；2003 年，西班牙的珀施特圭罗博士出版了专著《网络语言学：互联网上的语言、话语和思想》；英国的语言学家戴维·克里斯特尔教授，也于 2005 年发表了关于《网络语言学的范围》的论文，探讨网络语言的现状与今后发展的情况。

作为当代读者，不能无视、回避网络语言的存在和发展，应该积极了解与应对，这样对于阅读新的作品，特别是阅读新媒体新闻信息、网络小说等，都有很大的帮助。否则就会出现阅读的时候“看不懂、不会读”的尴尬局面。

第四章
阅读的方法

要想取得阅读的效果，首先应摆正阅读的态度，学习掌握阅读的方法。阅读的实质，归根结底是由阅读者的态度所决定的，如果没有一个良好的心态，没有一个理想的读书目的，再好的读书方法也没有效果。

所谓阅读方法，主要是针对阅读物内容的理解、记忆、思考、总结，从中接受信息时，所采用的具体手段或途径。不同的书籍文献有着不同的方法，根据不同的类别和层次，阅读的方式和方法也有区别。从阅读质量、阅读速度、阅读的思维方式等方面进行阅读，又会衍生出许多各具特点的阅读方法。

第一节　阅读的环境与态度

阅读的环境与态度，对于阅读的质量与效果至关重要。阅读的环境直接影响着读书的效果，更重要的是读书人要保持一个良好的心态，根据客观环境条件的变化认真地读书、读好书。

阅读能力是指人们对文字的认知程度、理解力、记忆力以及欣赏水平等综合素质，是个人文化修养的一种具体体现。

阅读，是伴随读书人一生的学习活动，也是人们提高语言能力、获取有益知识的一种重要的、行之有效的方法。“阅读与理解”的水平，是综合素质与能力的具体体现。

一、读书人的态度与效果

读书人对待书籍文献的态度非常重要，要怀着一种崇敬的心情、诚实的心态、谦虚的胸怀、思考质疑的精神，实事求是地阅读、分析、理解、总结，这样才能取得良好的读书效果，提高阅读的质量。

书籍不同，阅读时的心情也不一样。读历史的时候，看到那风云变幻、一代代更迭的社会画面，犹如拿着一面镜子，既看到了远古的、近代的人情世故，也看到了当今人世间的众生相；读哲学的时候，你会思考人生、思考社会、思考政治、思考大自然的众多谜团，力求找出一个准确的答案；读人物传记的时候，你会随着主人翁的经历、喜怒哀乐的情绪跌宕起伏，发出人生的感慨；读数理化、计算机、生物科技等读物的时候，你会凝神静气，沉浸在科学的海洋里不能自拔。读诗词歌赋的时候，你会激情飞扬，抑扬顿挫，徜徉于风花雪月、春意盎然、绿水青山、鸟语花

香、风雪交加等意境之中，情不自禁地大声朗读：飞流直下三千尺，疑是银河落九天……大漠孤烟直，长河落日圆……大江东去，浪淘尽，千古风流人物……

读书要有一个好的心态，阅读也需要一个好的环境。大多数人在读书的时候，喜欢有个安静的环境，加上有些人天生的自制力不够强大，所以读书的时候，尽量远离嘈杂的场所，减少干扰，减少来自外界的影响。

孟母三迁的故事，想必大家都很熟悉。在孟子很小的时候，父亲就早早地去世了。孟子的母亲没有改嫁，带着年幼的儿子继续生活。当时，他们的家靠近一个墓地，孟子看到墓地来来往往办丧事的情景，和邻居的小孩子们玩耍的时候，就开始带领小伙伴们模仿丧事出殡的仪式，有当司仪的，有跪着哭泣的，还有装着抬棺木的小孩，弄得整个场面乌烟瘴气。这件事让邻居知道了，人们都议论纷纷，孟子的母亲感到这样下去，孩子根本读不好书，就很难具有远大的理想，于是决定搬家，在一个集市旁边住了下来。看着集市上人来人往、车水马龙，小商小贩叫卖声此起彼伏，卖牛的杀猪的，讨价还价的，背着大包小包走路的，看着热闹非凡的样子，孟子感到很新奇，于是又和小伙伴玩起做生意的游戏。回家的时候，孟子还和母亲表演了一番。孟母没有办法，只好再次搬家，居住在一个靠近学校的地方。孟子看到学校的先生、学生彬彬有礼，孜孜不倦地读书，开始模仿读书人的样子，开始喜欢读书，跟着学生、老师学习礼仪，回家还帮着母亲干活，就像换了一个人一样，让孟母十分满意。

为了给孟子寻求一个好的读书、成长环境，母亲坚守原则、不放弃、不抛弃，终于找到了理想的居住场所。这就是母亲的伟大之处，所以才培养出儒学大家孟子。

孟母三迁家园教子的影响特别深远，最早出现在西汉时期韩

婴编写的《韩诗外传》一书中，接着这个故事出现在刘向编写的《列女传》中，东汉女史学家班昭曾作《孟母颂》，西晋女文学家左芬也作《孟母赞》。在南宋时期被编入儿童启蒙读物《三字经》里面。《三字经》这本经典启蒙读物，虽经明、清学者陆续修订补充，而孟母三迁、断机教子的故事始终冠于篇首。山东监察御史钟化民在《祭孟母文》中赞扬道："子之圣即母之圣"，"人生教子，志在青紫。夫人教子，志在孔子。古今以来，一人而已"。

现代社会生活中，有些条件好的读书人，开始经营自己温馨的小书房。书房可大可小，重在营造书香氛围，在灯光布置上，注意用暖色调，以免强光刺眼。装修也不用过于豪华，关键在于能够保留一个相对独立的读书空间。然后，书房要布置得温馨淡雅，光线柔和，加一张写字台，一把软椅，在大书柜中排列出你喜欢的书籍，摆几件花瓶、雕塑之类的艺术品，悬挂一些自己喜欢的书画、照片，一间称心如意、安静、雅致的书屋就诞生了。

即使没有单独的房间作为书房，也可以根据自己的实际情况，开辟一个读书角。一个阳台，一个沙发，都可以是读书的好去处。说到底只要你想读书，处处是书房，闹处可安心。看看那些刻苦读书的传奇故事，相信自己对比一下就会觉着我们的环境状况已经很好了，已经具备了想读书就能读书的基本条件。

读书贵在坚持，贵在求真问实，贵在保持一种乐观的态度，以苦为乐。书山有路勤为径，学海无涯苦作舟。只要你读书，就会有收获，这就是开卷有益。

二、合理安排阅读的时间

读书要有时间的保证，才能完成读书任务，了解到更多的信息内容，汲取到有用的精神养分。读书可以安排专门的时间，也可以利用零碎的时间。

阅读可以晨读、午读、夜读，或者拿出白天大块的正常时间来进行，这些都是读者根据自己的实际情况决定的。一天之计在于晨，晨读的好处是，在一夜的休息后，精力旺盛，大脑比较清醒，环境清净，理解力和记忆力比较好，读书的速度快，阅读质量高。中午休息的时候，也可以利用这段时间阅读你所喜欢的书籍。有人喜欢中午休息一下，把精力留在晚上进行夜读。夜读的时候，夜深人静，时间比较充裕，可以进行深度思考，好多人都有夜读的习惯。

很多时候，我们总是花时间做一些无关紧要的事情，比如拿着手机划来划去刷新闻、刷头条，不知不觉会突然发现自己什么也没干成，时间便在无形中就被浪费掉了。读书也是一样，要学会利用空余时间，好多人患有拖延症，本来很早、很快就可以完成的事情，在执行的时候却总觉得时间还早，有些漫不经心的样子，结果时间很快过去了，任务还没有完成。其实时间对于每个人都是平等的，读书的时间都是自己想办法安排出来的。”就像鲁迅先生说的：“时间就像海绵里的水，只要愿挤，总还是有的。

读书是一个慢慢体味、理解、吸收精神营养的过程，如果说有什么捷径可走，那就是按照你的读书计划，沿着既定的方向坚持走下去，抓紧时间一刻也不停留，到时候就会有山重水复疑无路，柳暗花明又一村的感觉，你的内心也会逐渐强大起来，无惧无畏于任何艰难险阻。读书贵在持之以恒的道理，告诉人们读书的时候不要三心二意、三天打鱼两天晒网，当一天和尚撞一天钟

的心态很难把书读好，也坚持不下来。人们的时间都是一样的，这一点大自然很公平，正如古人说的，马上、枕上、厕上随处可读书，就看自己如何规划使用时间。种瓜得瓜，种豆得豆，只顾耕耘，莫问收获，苍天不负有心人，相信好好读书，总有回报。

进入现代信息社会，信息量急剧膨胀，有人把当今的时代称为信息爆炸的时代。那些有用的无用的信息每天排山倒海一般向你袭来，加上传播工具的发展变革，你想躲都不可能。你要想好好地学习读书，除了沉下心、节约时间、提高效率，还需要对当下的信息、书籍文献进行有效过滤筛选。试想一个人的精力与时间都是有限的，面对海量的书籍，每天都在出现的新信息，你必须做出正确的决断，规划你的时间、规划你的阅读内容。否则，你就会犹如盲人摸象、丈二和尚摸不着头脑、稀里糊涂就把时间浪费了。到时候，青春已过年华不在，在垂暮之年仍然不知读书的享受，不知书香为何物，岂不后悔。

培根说过："合理安排时间，就等于节约时间。"每个人脚下的路都很长，活着就要按照自己设定的理想目标坚定不移地走下去。你要做的就是别人做不到的，相信自己的毅力，相信自己的努力会成为现实。人的一生，没有迈不过的坎，没有闯不过的关。我们只要想明白了，去做了，时间会有的，读书的时间也会有的。每天早上拿出几分钟思考一下、规划一下今天怎么办；晚上在用几分钟时间总结一下，自己今天的计划是否完成。久而久之，你会发现你的时间都很珍贵，都在做着很有意义的事情。

对于鱼龙混杂，夹杂着大量垃圾信息的各种媒介，如果不加过虑筛选根本就无法读取，这是一个非常值得注意的现实问题。人的精力和时间是有限的，你必须利用好自己的时间，把精力用在最需要的方面，才能完成你的读书计划。否则，再好的读书计划完成不了，什么作用也没有。当今这个信息社会，人们碎片化

的时间越来越多，很难拿出专门的大块时间进行阅读。人们会利用片刻的时间，不停地刷手机，除了阅读必要的沟通交流信息，大部分时间是无意识、不自觉地进入盲目浏览状态，从而在不知不觉中浪费了大量时间。

另外，信息又是人们离不开的情报来源。简单地说，信息就是人们每天接触到的、已经发生的一切与人类社会相关联的你知道或不知道的所有内容。

显然，信息对于个人、单位、国家非常重要。但是你必须对信息进行鉴别与筛选，弄清信息的真假、信息的价值，不然面对扑面而来的信息，你会束手无策，甚至还会遭受垃圾信息的无端干扰。

三、读书要有求是问真的精神

读书是为了什么？是为了获得知识，是为了追求世间真理等，读书是人类文明的一种表现，面对社会上诸多复杂的现象，读书人要怀着一颗平常心，不唯书不唯上，具备求是问真的精神。

书籍的内容丰富多彩，有精华也有糟粕，读书人必须实事求是地分析和面对，不然就有可能走向歧路，在不知不觉中迷失了方向。

英国哲学家弗兰西斯·培根在《论求知》中说：“有的知识只需浅尝，有的知识只需粗知，只有少数知识需要深入钻研，仔细揣摩。所以，有的书只须读其中一部分，有的书只需知道梗概，而对于少数好书，则要精读，细读，反复地读。”[1]

在人类的发展历程中，许多思想理论的传播，都经历了反复验证的过程，在实践中得到了检验。五四运动以后，多少仁

[1] 培根．培根随笔选：论求知［M］．何新，译．上海：上海人民出版社，1985.

人志士，为了探索救国救民的真理，在古今中外的经典著作中寻求答案。

古代读书人的目的不同，标准也不一样。有人受到学而优则仕的观点影响，奋发读书，就是为了有朝一日金榜题名，光宗耀祖。有人则为了从中获得致富的门路，达到发家致富过上好日子的目的。但是不管出于什么目的，读书的时候总会给人一些启示，促使你学习与思考。现代社会发展到今天，人们的思想更加开放，读书的目的也更加多元化。这种多元化的趋势，表现在人们不仅仅是为了一个单纯的目的进行读书，而是为了提高自己的综合素质，提高个人的修养，寻求人生的答案。

现如今，一些地区的人们对于图书馆的利用程度相当高，无论是小学生、中学生还是大学生，都习惯于在课余时间去图书馆查阅资料，选择自己喜欢的书籍进行阅读。特别是每个大学，都有相当规模的图书馆，藏书量非常丰富，老师在布置作业的时候，往往也会有意识地引导学生走进图书馆查阅相关书籍，然后完成学习的课题。这种学习的方法，不是你教我学、死记硬背地让学生记住标准答案，更多的是启发学生的思路，展开讨论，调动学生创新的积极性，寓教于乐、寓教于读，尽可能地避免按部就班、教条主义导致的高分低能现象。

公共图书馆的建设与布局，在某种程度上对于大众的阅读起着重要的作用。现在就我国的实际情况来看，从县级开始，到省级到国家级都设有公共图书馆，每个大学都设有图书馆与图书馆工作人员，在一些小学、中学，则设有图书资料室；在一些社区、农村还设有面对基层的图书阅览室、乡村书屋等，极大地方便了人们阅读与借阅。有关部门每年都要组织社会力量对贫困落后地区进行捐书活动，在一些偏远的乡村也建立了读书屋。

古代开卷有益的典故，反映了人们在读书时孜孜以求的精神。

宋朝初年，宋太宗赵光义为了方便读书人查阅，决定编辑一部包罗万象的书籍，以供人们学习之用。这部书的名字一开始叫作《太平总类》，后来改成《太平御览》，一共有一千多卷。书籍编成后，宋太宗赵光义就下决心要通读一遍，所以就每天抽时间翻阅这本书。好多大臣觉着皇帝日理万机，哪有那么多时间去读这部鸿篇巨制，就劝宋太宗适可而止就好了。然而宋太宗并没有放弃，仍然继续坚持阅读，还说每天看看这些书籍，就有很多的受益处，何乐而不为呢？于是大臣们读书的热情也被带动起来，开始利用点滴的时间进行读书学习。

这就是开卷有益的来历，体现了读书人的精神、情怀与远大的志向。

第二节　传统阅读的基本方法

阅读的基本方法，是指阅读综合类书籍文献的基本方法。在阅读的方式上，一般分为略读（浏览）法、通读法、选读（择读）法、精读（熟读）法、泛读法、速读法等；按照阅读时是否出声分为：朗读法、默读法；按照分项类阅读的方法有：解词、释句法，文章结构分析法，文章中心思想归纳法等；按照与思维结合的方法有：分析、综合、比较、概括、归纳和演绎阅读法等；按照阅读笔记方法有：划重点、写标题，编写读书提纲，写读后感及读书心得等方法；按照文体阅读的方法有：散文阅读法、小说阅读法、诗歌阅读法、剧本阅读法、科技文阅读法等。

一、阅读的一般方法

阅读的一般方法分为略读（浏览）法、通读法、泛读法、选读（择读）法、精读（细读）法等。

1. 略读或者称为跳读，是读书的前奏。进行略读的目的，主要是获得一本书的基本信息，了解书籍文献可读的价值。有时候在选购书籍的时候，也需要对书籍进行浏览，看看阅读、收藏的潜在价值，再决定是否购买。浏览大多数时候是一种随机行为，有时受到人际传播或者书商的广告信息的影响，甚至偶然的机会发现一本感兴趣的书籍，都会为你的阅读埋下了伏笔。

略读是一种非常实用的快速阅读技能，读者可以跳过某些细节，抓大放小了解大概，进行有选择的阅读，从而加快阅读速度。据统计，训练有素的略读者 (skimmer) 的阅读速度，每分钟可达 3000 ～ 4000 个词。

具体来说，在阅读时本着“宁粗三遍、不细一半”的指导原则，进行全程阅览。在现实的工作、学习中，往往由于时间的限制，需要读书人很快了解书籍的大体内容与主要问题。这个时候由于属于命题作文一类的情况，你必须在有限的时间内找出需要的答案。如果你仔仔细细地读完这本书，可能就超出了规定的时间，比如在考试的时候，有些题目叫作阅读理解，需要你进行快速浏览，粗略一点没关系，关键是找出你需要的重点内容。不然读到一半就到了交卷的时候，肯定完不成任务。具体阅读的时候，可以采取脑眼结合的办法，一目十行、一看一页，提纲挈领抓取主要内容。

对于读书人来讲，略读是个非常好的习惯，是阅读的前提条件。就是平时时间充裕，在买一本书之前，可以采取略读的办法，浏览一下这本书的大概内容，为下一步采取什么样的阅读方法做

一个判断，这就是平常人们讲的“先翻一下看看”的意思。

2. 通读，就是对书籍从头到尾阅读一遍。通读的目的是对书籍有个初步的感性认识，以了解书籍的大概内容、整体思路、知识体系结构等脉络，一般分为以下几个步骤：

第一，阅读书籍目录，了解书籍整体轮廓、结构。

读书要看重点，目录是寻找重点的方向，纲举目张，找到了纲就抓住了重点；沿着目录找到书籍的内容，就会发现书籍的核心。这个时候，你就可以做出初步判断，了解书籍的整个轮廓与重点，拿出具体的读书方案了。通过目录，还可以看出书籍的页码情况，以便确定阅读的具体时间。

第二，对比一下书籍的前言与后记，看看里面的内容有什么差别，一般情况下，前言部分是书籍的成因与内容提要，是重点的重点，一个好的前言就是一篇水平很高、文字优美、富有哲理的好文章；看后记，要注意观察其与前言是否前后呼应，或者是否为前言的思想补充，里面会发现作者的真实想法。

一般情况下，前言涵盖了书籍的思想、重点内容。书的序言、前言和后记，一般都写有书籍写作、编著的宗旨、目的、经过等，包括对书籍的简单介绍、评价以及再版、修订版的一些信息，对于阅读具有很大帮助。

第三，快速浏览一下书籍的全部内容，然后对照目录、前言与后记的内容，找出这本书的重点，如果发现问题或者有什么疑问，可以再次浏览，进行思考判断。然后把整体内容联系起来，进行总结、比较后，得出一个整体的纲领性结论。对于一些比较难懂的书籍内容，可以采取先易后难的方法，暂时放一放，待精读时逐步解决。

第四，进行全面通读，针对书籍的主要内容进行理解、思考、记忆，划出重点。然后做好读书笔记，针对书籍里面非常好的内

容，特别是格言警句之类的句子，可以进行摘抄，可以大声朗读，加强记忆。科学技术方面的书籍，包括数理化等专业书籍，则需要做出细致的重点笔记，反复进行研究记忆，以便在以后的学习、工作中能够熟练地运用。

对于需要解决的重点在书籍或者笔记本上做好标记，以便在精读时注意解决这些问题。

3. 泛读的概念，顾名思义就是泛泛而为，阅读的对象不是经典著作，也不是非常重要的书籍文献，阅读者往往是抱着一种一般了解的心态去阅读。但是，往往这种宽泛的阅读，不仅增加信息量，还会出现你意想不到的效果。所谓“山重水复疑无路，柳暗花明又一村”，泛读会不经意间给你带来某种启发和灵感。

泛读的目的性不强，往往是在闲暇之余“随便翻翻”，是颇有闲情逸致的一种读书意境，也是一种博览的概念。有时候可以在很短的时间内，看完一本书，也可以翻阅很多本书，然后选择出自己喜欢的书籍，进行通读或者细读。

4. 选读又叫择读，就是根据自己的兴趣爱好、工作性质等，选择重点书目或者书籍里面的重点内容。选择的依据是自己的学习、工作、生活的需要，与自己的兴趣爱好也有关系，选择专业性比较强的书籍最好参考一下权威人士的意见，以便找到正规、专业的书籍。

选读的前提是在充分了解阅读的目的以后，在众多的阅读物中筛选书目，或者挑选某一个章节、片段进行阅读。像一些出版社为了阅读的方便，出版了《唐诗宋词选读》，编者的出发点是在流光溢彩、丰富多彩的美文大海里，挑选出最具有代表性、语言文字最美、意境曼妙、思想高远的诗词，供人们欣赏、朗读、学习。

5. 精读，是指在通读的基础上，对重点书目进行详细、系

统研读的过程。

一般是指与自己的需求至关重要的书籍或文章，精读，就是精确、反复地阅读，要做到“心到、眼到、口到、手到”，令文章在脑海中不停盘旋、驻留。

叶圣陶先生在《〈精读指导举隅〉前言》里指出：“像这样把精读文章作为出发点，向四面八方发展开来，那么，精读了一篇文章，就可以带读许多书。”

朱熹认为，精读要求“字求其训，句索其旨。未得乎前，则不敢求乎后；未通乎此，则不敢志乎彼”。意思就是精读必须做到逐字逐句地进行理解与思考，弄明白了再往下阅读新的内容，不可囫囵吞枣不求甚解，把每一个段落、每一个章节与其他段落、章节的关系都理清楚，找出其内在的逻辑关系。做到融会贯通，不留死角，明了于心。

要细读多思，反复琢磨，反复研究，边分析边评价，务求明白透彻，了然于心，以便吸收精华。一般对本专业的书籍及名篇佳作应该采取这种方法。只有精心研究，细细咀嚼，文章的“微言精义”，才能愈挖愈出，愈研愈精。可以说，精读是一种重要的读书方法。精读的前提是通读、熟读，特别是名篇名句，这就是所谓的“熟读唐诗三百首，不会作诗也会吟”。

二、速读的具体方法

速读与浏览、阅读有着相似之处，但更强调的是阅读的速度。由于读者的时间有限，阅读物的数量庞大，所以阅读的速度非常重要。传统的阅读速度，一般为每分钟 200 ～ 300 字左右，理解记忆的能力也较差一些。

速读即快速阅读，是一种科学高效的阅读、学习方法。

速读需要进行专门训练才能取得比较好的效果，一般阅读需要视觉、读取、反映到大脑三个步骤。速度可以做到视觉与大脑的直接反馈，省掉了中间读取发音这个环节，从而大大节省了时间，加快了对于书籍的理解速度。据调查的试验结果表明，训练有素的速读者，每分钟的阅读可以达到 3000 ～ 4000 个字词。

第一，快速浏览重点法。就是把握书籍文献的重点部分，快速地浏览一遍，掌握基本要素，为通读、精读打下基础。书籍的重点一般表现在书籍的名称、前言、目录、内容提要、章节开头部分、结尾部分、后记等内容。一般情况下，第一章属于重点章节，一本书的开篇会设下一些悬念，提出一些问题，展现未来章节的走势；最后一个章节则是书籍的总结部分，是对书籍所有内容的大总结，或是故事的大结局，也是重点浏览的内容。

通过浏览这些重点内容，记住重点内容的关键词、主要句子、主要章节等，把握书籍的灵魂与核心。

第二，扫描快读法。扫描快读的方法与重点浏览阅读的方法最大的区别在于，扫描阅读的方法需要对书籍的内容进行全面通读，这个方法也是需要通过专门训练才可以掌握技巧。传统阅读是逐字逐行、一句不落、按部就班地进行阅读；扫描阅读则是调动视觉，尽可能地扩大阅读的行数，一目数行、一目一页地快速阅读，从而实现多读书、多思考、多记忆的读书目的。扫描速读方法的效果，实际上与传统通读的效果是一样的，甚至可以避免出现陷入具体内容不能自拔的现象，更容易记忆书中最主要的内容。

第三，跳跃式阅读法。这种阅读的方法，适合时间特别紧张而又不得不进行阅读的情况，除了阅读重点内容，内页的内容采取随机抽取页码的办法，进行跳跃式的阅读。特别是在大量书籍中挑选需要的书籍或者翻阅大部头文献的时候，适合这种阅读方

法。这种阅读方法类似统计学方面的抽查阅读概念，有一定的随机性，所以扫描的时候不能漏掉重点阅读的一些内容，防止出现理解偏差。

第四，巡查阅读法。这个方法是指在学习、工作中撰写文章、制订计划的时候，遇到一些具体问题，需要查找相关的资料，如在书籍中寻找关键词、关键句子，查询自己需要的学术资料。巡查阅读的对象，除了字典、辞海等专业工具书，还有一些专业书籍、哲学、史书等重要著作。

第五，预测阅读法。这种阅读方法是指在阅读了书籍的一部分后，根据已经阅读的重点内容，对全书内容进行预测，或者只读了个开头，或者只看了个结尾，所以具有一定的难度。阅读文学书籍的时候，一般利用这种办法预测故事的内容、主人翁的命运结局等。比如读到《三国演义》《红楼梦》《水浒传》等文学名著，你就可以对故事里面人物的命运结局，进行一个预测评估，看看自己的想法与作者的想法是否一致。

关于速读的专业训练，有好多种办法，除了原来人工训练的方法，现在还利用计算机开发了一些智能系统软件，进行专门的快速阅读训练。速读的核心是如何减少阅读的时间，把大脑、眼睛的功能开发出来，走出传统阅读的习惯误区，实现新的阅读方法。

值得注意的是，在阅读现代电子阅读物的时候，从视野的角度看，人们的视觉效应相对提高了，人们可以在电脑、电子阅读器、手机屏幕上快速滑动书籍的内容，不用像阅读传统纸质书籍那样，一页页地进行翻看，从而大大加快了阅读的速度。

三、按照体裁分类阅读的方法

按照书籍文献的体裁进行阅读分类，是指按照书籍、文献的体裁，进行阅读的方式和方法，是根据各种类型书籍文献的具体内容进行阅读的方法。这种阅读方法一般可以分成以下几种类型。

第一，信息公文式阅读法。对于公文这类信息的阅读极为重要，如果追根求源，人类的阅读就是从阅读这类信息开始的，然后逐渐扩展了越来越多的内容。早期人们的记事、通信、联络、国家之间的来往等，都离不开书写的信息记录，也就是大事记、信函、盟约、合约等。随着人类文明程度的不断提高，人类对于信息的需求更加广泛，仅仅通过书信往来已经不能满足社会发展的需要。这个时候，一些类似现在信息简报之类的传播工具开始出现，比如我国古代出现的“邸报”。

“邸报”或者称之为“邸抄”，主要是用来抄报来自朝廷的各种公告信息，包括皇帝的命令、大臣的奏议、朝政的政策动向、大事件的处理情况等。这种形式的朝廷简报，在我国新闻报刊史上被称为最早的报纸。从世界报纸发展的历史看，西方有学者认为世界上最早出现的报纸是《每日纪闻》，由罗马帝国恺撒大帝于公元前 59 年创办，主要用来传递国家的军事情报，但是创办不长时间就停止了。从创办的时间看，我国古代的“邸报”在西汉的初年创办，大约是公元前的 2 世纪，比罗马帝国时期创办的《每日纪闻》，时间上要早一百多年。

我国的“邸报”一路走来，从西汉开办，一直到唐宋元明清，自始至终充当着“新闻纸”的作用，直到近代出现了具有现代概念的报纸。阅读这类信息、新闻、情报的时候，要注意其内容的真实性、时效性、权威性，不可盲目听从一些传闻不实的信息。对于公文类的阅读，特别是合约之类的文本，则需要全神贯注、

咬文嚼字、逐字推敲、不能漏掉一条信息，确实做到准确无误。

面对每天发生的新闻信息，必须阅读大量文字，所以快速阅读是必不可少的。当然，速读不是毫无目的、没有方向地进行阅读，要有重点地进行阅读，对信息进行有效的过滤与筛选。

第二，文学艺术阅读法。文学作品的阅读方法，按照文体又有很大区别。这种方法阅读的内容主要是小说、诗词歌赋、戏曲、报告文学等文学艺术方面的作品。阅读诗词歌赋的时候，有时需要大声朗读，声情并茂地表达读者的感情；阅读戏曲的时候，要随着戏剧的主人翁进入角色，充分体味作品里面各种人物的人生经历，达到欣赏的目的；阅读小说的时候，要注意故事跌宕起伏的情节，充分了解作者的意图，挖掘思想精华，学习经典的语言，联系社会现实反思自己，提高个人的修养；对于报告文学以及人物传记的阅读，要注意这种题材的作品，是建立在真人真事基础之上进行创作的，真实感人，具有深刻的现实意义和很强的社会教育价值。

小说的阅读，是一种陶醉、温柔式的阅读；让读者充满了丰富的想象力，是一种美好的享受。诗歌的阅读则是抑扬顿挫、慷慨激昂、充满情调的阅读；因此阅读时或舒畅或缓慢或激昂或压抑，做到身心投入，全神贯注，让自己能听到其中每一个词的声音。散文的阅读则是舒缓的、抒情的、山花烂漫的感觉。

第三，哲学历史的阅读方法。对于哲学著作、历史传记的阅读需要怀着一种客观理性的心态，冷静观察思考每一个哲学的命题，认真研究每一个历史事件。哲学让你充满智慧，会让你学会真正的思维，在学习、工作、生活的方方面面，哲学的思想都在为我们指明前进的方向。历史是一面镜子，读懂了整个人类发展的历史，就会结合当今的社会现实，克服自己的缺点，明确自己的奋斗目标，不畏艰难，砥砺前行。

第四，专业书籍阅读法。专业书籍的概念是指政治、经济、军事、科学、数理化等著作，对于这类书籍的阅读，需要具备专业的知识，或者在老师的指导下进行阅读。专业书籍表现为极强的逻辑性、理论性、系统性，需要真正分析、研究与思考，读起来比较费时费力。但是一旦突破专业的知识壁垒，就会由浅入深渐入佳境，获益匪浅。

第五，消遣式阅读法。这是对于可读可不读的书籍采用的一种阅读方法，这种阅读没有什么明确的目标，随意性很强，所以没有什么阅读压力。但是这种阅读方法不太适合严肃作品的阅读，那样可能会显得过于漫不经心。消遣式的阅读方法，比较适合通俗文学作品，比如鸳鸯蝴蝶派的作品，现代网络言情小说、科幻小说，读者可以添加一些自己幻想的情节，而无关痛痒。但是，如果漫不经心地去阅读《呼啸山庄》《雾都孤儿》《红与黑》《安娜·卡列尼娜》等经典名著，可能就不太适宜。

第三节 关于阅读的发展历程

人类自从开始具备阅读的要素，产生阅读的概念，大概经历了几个阶段。

一是文字产生以后的初级阶段，这一时期由于阅读的内容相对简单、直观，先人无须进行复杂的思考，传播的范围也有很大的局限性。二是文字成熟发展阶段，这个时候人类已经具备了足够的文字描述所要表达的内容，记事的内容逐渐丰富，阅读的概念日渐成熟。三是国家开始进入档案记录阶段，人类文明程度逐渐提高，开始有创造的行为，一批古代文学作品产生了，人们开始进入文字记录的文明历史。四是春秋战国以后，诸子百家争鸣，这个时候人们思想活跃，涌现了大量古典作文，阅读物逐渐丰富。五是封建文化建设阶段，从秦简汉书，唐诗宋词，到元曲明清小说，我国的古代文化日渐繁荣，出现了大量优秀作品。六是五四运动以后，进入现代白话创作时代，人们逐渐远离文言文进行写作，一批现代作品问世，同时一些学者开始翻译外国的一些名著，介绍给中国读者。七是新中国成立以后，进入社会主义文化建设阶段，一批新作开始出现。八是进入信息时代以后，阅读的方式和方法都在发生翻天覆地的变化，进入了一个新阶段。

总之，阅读给人类带来了文明，带来了进步与发展，让人类文明精神得到发扬光大，大批文化遗产得到传播与保护，极大地促进了人们综合素质的提高。正如明代诗人于谦在《观书》中所说："书卷多情似故人，晨昏忧乐每相亲。眼前直下三千字，胸次全无一点尘。活水源流随处满，东风花柳逐时新。金鞍玉勒寻芳客，未信我庐别有春。"历代文人墨客，对于读书都是孜孜以求痴迷于学，留下了一篇篇关于热爱读书的佳话。

北宋时期著名的诗人、书法家黄庭坚说起读书更是感慨万千："士大夫三日不读书，则义理不交于胸中，对镜觉面目可憎，向人亦语言无味。"

随着人类社会的不断进步，针对各种不同阅读物，阅读的方式和方法也在不断发展，阅读的内容越来越丰富多彩，阅读从来没有离开读书人的生活。

一、传统阅读和快速阅读的差异性

第一，阅读方式的差异性。

传统阅读的方法是以字、词、句等少数几个单字为单位逐个

阅读，然后慢慢地进行消化、理解、记忆；快速阅读是将被阅读的文字分成若干个组合轮廓，以一个组合单元为基本阅读单位进行整体阅读。这个组合的内容可大可小，甚至可以整页内容作为一个视觉单元，这样就能让阅读者从大量的文字中，迅速捕获自己需要的价值资料。

第二，大脑对文字信息处理过程的差异性。

在传统阅读法中，需要进行多次转换才能实现阅读的效果。

实际上阅读的过程是个吸收信息、消化信息然后再反馈消息的过程。也就是说阅读的时候需要进行多次转换才能实现理解内容、记忆内容的效果，是看见文字、读出声音、听到声音、反馈到大脑、大脑再发出信息指令的多循环过程，是“读书”“听书”的概念，是缓慢地看、读、听，再到大脑反应的思维过程；由于阅读中眼脑配合程度的差异，传统的阅读法导致必须通过转换机制才能实现阅读的整个流程，这种传递方式不能很快、很大量地提供给大脑足够的信息进行处理，这样一快一慢，两者不能协调运作，从而使得传统的阅读速度、记忆的效率以及欣赏水平等受到影响。快速阅读则把读、听的环节基本省略掉了，让读者通过视觉把文字转换成画面，直接反映到大脑中，之后再由大脑将文字图像解析出来，直接反映出结果。

其实，说白了快速阅读法只是人们对图像的识别方法，也就是通常所说的“看图识字法”，让人们看到阅读对象以后，马上反映到大脑进行识别，达到传统阅读的效果。有人通过实验认为，这种快速阅读的办法，是完全可以通过训练做得到的。

第三，阅读理解和记忆效果的差异。

在对阅读的不断研究认识中，人们对于阅读的效果评价主要有两个指标：一是理解力，能不能通过认真思考产生出新的思想火花，给人以启发、激励，也可以理解为内在素质、涵养的提高，文字水平的提高，欣赏水平的提高；二是记忆力，就是对于阅读物具体内容的记忆。有人在阅读完成以后，可以过目不忘，能够大段大段甚至通篇背诵原文，这就是记忆的能力。

阅读的理解力与记忆力是相辅相成、互为补充的关系。值得注意的是，有的读者理解力很强，不会单纯地去死记硬背原文；而有些读者则记忆力超凡，会记住原文，但是并没有完全理解所读的内容的含义。当然，也有记忆力超好，理解力也很棒的读者。

对于提高阅读的理解力、记忆力，一般情况下，人们普遍认为传统的阅读方法效果比较好一些，认为慢工出巧匠，功夫不负有心人。但实际上，从记忆力来看，快速阅读训练的效果可能更好。研究结果证明，传统阅读需要通过人的视觉、大脑、听觉的多次转换才能实现，由于眼睛与大脑两者之间互不协调，不能达到很好的记忆效果。注意，这里说的只是记忆力，对于理解力，显然还是传统阅读方法的效果更好。

快速阅读是利用人脑对图像的超强记忆能力，利用超宽视觉能够读取大量信息的特点，进行图片式输入，让大脑直接进行记忆，其有着比较好的记忆效果。

二、电子出版物出现以后带来的阅读变化

随着电子出版物的出现，传统纸质书籍文献的概念开始发生了变化；阅读不再是传统意义上那个读书的概念了。

第一，网络的快速发展，导致阅读的方式和方法发生了根本变化，最根本的变化就是阅读的对象不再是简单的纸质载体。利用电子屏幕阅读书籍文献的便利条件，吸引更多的年轻人离开传统的纸质书籍。你可以像传统书籍那样逐页翻看，慢慢地阅读；也可以播放音频，进入听书模式；如果你想得到更多的效果，那

么可以在具备音乐背景、影像画面的情况下，进入模糊状态下的阅读模式。

第二，电脑阅读模式，可以进入一边查阅一边创作的状态。你可以坐在计算机前，利用网络搜索、查阅大量的文献资料，一边阅读思考，一边进行记录，进入创作状态。与传统写作相比较，利用电脑进行写作，可以实现无纸化办公，没有笔墨纸张的配合，只需在键盘上敲敲打打就能实现你的目的。特别是在进行写作、设计等工作的时候，既方便快捷，又可以随时进行修改、备份，比起人工执笔在纸上写字、画图的速度与效率，要高出许多倍。

手提电脑给人们带来了更多的便利，无论在家里的沙发上、床上、厨房里、阳台上，还是在移动的汽车、火车、飞机上，你都可以打开手提电脑，写作、设计、浏览信息等。

第三，小型电子阅读器内容丰富、便于携带，使用更加方便。小型电子阅读器与传统的纸质图书的一本书大小相当，但是图书的容量巨大。阅读器的一个小小芯片，可以收录一个小型图书馆里传统纸质图书的所有内容。携带一个小型电子阅读器，相当于随身携带了一个小型的移动图书馆。

第四，随着移动网络的发展，5G 技术逐步成熟与完善，手机阅读的概念在大众当中越来越普及。相对于其他阅读方式，一是手机的用户庞大，除了儿童，未来手机几乎是人手一部，甚至一人多部；二是手机携带更加方便，是现代人不可缺少的交流、沟通、联系的便捷工具。人人“刷手机”的现象，已经成为当代社会一个非常值得研究的重要课题。手机短信、手机微信、抖音、微博、客户端新闻等，这些不断发生的信息，让使用者应接不暇。手机这个信息传播渠道以及传播形式，已经深入到社会生活的方方面面，对于传统纸质媒体的信息传播，乃至广播、电视的收听率、收视率，都毫无疑问地提出了巨大、严峻的挑战。

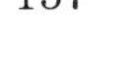

特别是纸质媒体的衰落，已经非常明显地呈现在人们面前。在大多数情况下，由于纸质媒体采编、印刷、发行等带来的时效问题，现在人们已经很少阅读纸质媒体，或者通过纸质媒体了解信息、获取新闻。

第五，关于信息时代阅读碎片化的趋势问题。有人质疑，由于现代电子出版物的出现，以及阅读模式的变化、阅读工具的多样化、阅读对象的丰富性，导致阅读的碎片化的情况越来越严重，与传统的阅读概念相去甚远。但是这种碎片化的阅读方式，某种程度上恰恰符合了当代社会发展的形势，满足了大多数人对于了解信息，阅读文章、书籍的需求。现代社会的生活、工作节奏大大加快，人们在繁忙的工作之余，利用闲暇时间，如上班的途中、饭前饭后的一点时间、睡觉休息前的片刻空闲等，都可以打开电脑、电子阅读器、手机进行阅读，这就是“开卷有益”的效果。此外，如果时间稍长，在手机上面也可以阅读到中外名著、最前沿的科技文献与著作等。手机，特别是5G以后的手机，已经不是传统的只是用来通话联系的概念，开始广泛地赋予了信息时代新的意义与内涵。

第六，阅读形式的多样化是当代社会的一种普遍现象。电子出版物的阅读需要电子设备的配合，需要电力的支持，这是由现代社会生活的特点所决定的，这就表明一旦离开电力的支持，电子阅读的概念就不存在了。而且，在电子出版物的保存问题上，目前仍然没有更好地解决方案。要么你不断地更新软件，要么你频繁地更换机器硬件，否则时间一长，你就有可能打不开原来的文件，不能进行正常的阅读。所以，相对于电子出版物的这些不足，传统纸质书籍文献的特点是载体相对稳定，只要纸质没有损坏，内容就会保存完好。阅读起来，也不用电子机器的配合，只要有看得见的光线，就可以进行有效的阅读。

第七，关于互联网语言以及当代语言规范的问题。在互联网上流传开来的一些语言，给人们带来了网络交流的方便，也给人们带来了一些困惑。

网络语言的出现是随着互联网的发展，人们在网络通信中使用的一些特殊的语言。这种语言的特殊性在于有些形态、结构等脱离了常规语言的标准，在发音上也很特别、简洁，有的根本就没有发音的标准，只是一些简单的符号、手势、表情、画面等。就是这种看似简单又有些无厘头的所谓网络代替语言，在信息高度发达的网络世界，却以惊人的传播速度闪亮登场，成为网络交流语言市场的新贵。在刚刚兴起的时候，人们在惊诧之余，一度把这些看不太懂又有些搞笑的网络语言称为“火星语言”。但是随着时间的推移，地球村的网络慢慢开始互联互通，人们开始接纳并使用这些广泛传播的语言符号，比如象征微笑的笑脸画面、握手的画面、抱拳感谢的画面、鲜花的图案、礼物的图案，直到后来代表大笑、龇牙、流泪、发狂、拥抱等含义的网络符号都被一一设计，并在电子通信、微博、微信等交流工具上得到广泛运用，使人们感到非常简便，似乎比用语言表达更加生动。

语言是流动的、有生命的传播工具，当一些词汇得到大多数人的认可并开始广泛使用的时候。这种约定成俗的词汇，便成了正规语言的备选词汇，一旦登上词典他的生命就诞生了，就有了“身份证”。比如“给力”一词，早就登上了《人民日报》的头版，这也不是什么新鲜事了。当然，网络语言是否长久存活于社会大众之中，需要随着时间推移接受无情的考验。

于是，如何规范网络语言就成了当今社会一个无法回避的课题。

语言规范的目的是为了更好地发展互联网事业，避免在语言文字使用方面引起不必要的混乱。所以不管是网络语言，还是其他场合下使用的语言，都必须遵循国家关于语言文字的有关规定。

当前的情况是，网络语言的发展仍然处于一个不断完善、修正、变化的过程，具有很强的可塑性、不稳定性。有些网络语言使用非常广泛，也得到了大众的认可，就有可能转化为正式的书面语言，有些则只是限于网络被小众人群使用，这就需要进一步进行引导规范，正确区分小众网络语言与大众规范语言的不同规则。对于大众不太熟悉的网络语言，不用大惊小怪，更不能一棍子打死，要遵循网络语言发展的规律，不能靠简单的行政命令或一纸公文限制来解决问题。任何语言存在的合理与否，都需要在发展中进行自然淘汰。与此同时，又要注意网络语言使用的场合，避免由于语言的误导、错误使用引起不必要的麻烦。

总之，语言的发展有其自身的规律，是不以个人的意志为转移的，是随着时代的进步而不断更新变化的产物，试想从人类语言的诞生至今，人们使用的语言越来越丰富，以汉字为例，文字的数量也越来越多，这就是人类语言发展的规律所在。

三、未来人工智能发展带来的阅读变化

关于人类语言发展的这个疑问，除了网络语言的挑战，还有人工智能科技的进步导致人与人之间的交流、文化传播，正在以人类不可思议的速度向前推进。随着机器人、人工智能科技的进一步完善，人们甚至提出了在未来，我们是否还需要用语言进行交流的问题。

在传统概念里面，一般认为，人类的内心世界尽管非常丰富，却是无法探测的，即使有些人自称有非凡的读心术，但是事实上这也只能是建立在心理学上面的一点猜测而已。

然而，随着科学技术的进步，研究人员开始探索一种能破译

你“内心独白”的远距离探测技术。这就是科学技术高度发展的今天，人们正在探索研究的人工智能技术。比如，在大脑受到伤害失去语言以及行走能力的人群中，植入人工芯片进行试验，这样就可以恢复原来受到损伤失去联络的神经系统，让失去语言功能的人开口说话，让瘫痪的病人重新站立起来。

虽然这些设想看起来有些理想化，但是随着人工智能技术的发展，这种令人非常向往和振奋，接近于“心灵感应”的交流模式，也许在不久的未来会变为现实。

人工智能（Artificial Intelligence），英文缩写为AI。它是研究、开发用于模拟、延伸和扩展人的智能的理论、方法、技术及应用系统的一门新的技术科学。

人工智能的定义可以分为两部分，即“人工”和“智能”。“人工”比较好理解，争议性也不大。有时我们会要考虑人自身的智能程度有没有高到可以创造人工智能的地步，等等。但总的来说，“人工系统”就是通常意义下的人工系统。关于什么是“智能”，就问题多多了。这涉及其他诸如意识（consciousness）、自我（self）、思维（mind），包括无意识的思维（unconscious-mind）等问题。

人唯一了解的智能，是人本身的智能，这是人们普遍认同的观点。但是我们对人类自身智能的理解非常有限，所以就很难定义什么是“人工”制造的“智能”了。因此，人工智能的研究往往涉及对人的智能本身的研究。其他关于动物或其他人造系统的智能，也普遍被认为是人工智能相关的研究课题。

人工智能在计算机领域内，得到了愈加广泛的重视。并在机器人、经济政治决策、控制系统、仿真系统中得到应用。美国斯坦福大学人工智能研究中心的尼尔逊教授对人工智能下了这样一个定义：“人工智能是关于知识的学科——怎样表示知识以及怎样获得知识并使用知识的科学。”而美国麻省理工学院的温斯顿教授认为："人工智能就是研究如何使计算机去做过去只有人才能做的智能工作。"这些说法反映了人工智能学科的基本思想和基本内容，即人工智能是研究人类智能活动的规律，构造具有一定智能的人工系统，研究如何让计算机去完成以往需要人的智力才能胜任的工作，也就是研究如何应用计算机的软硬件，来模拟人类某些智能行为的基本理论、方法和技术。

人工智能是计算机学科的一个分支，20 世纪 70 年代以来被称为世界三大尖端技术（空间技术、能源技术、人工智能）之一。也被认为是 21 世纪三大尖端技术（基因工程、纳米科学、人工智能）之一。在近几十年来，人工智能获得了迅速的发展，取得了丰硕的成果，在很多学科领域都获得了广泛应用。所以，目前人工智能已逐步发展成为一个独立的分支，无论在理论和实践上都已自成一个系统。

人工智能是研究使计算机来模拟人的某些思维过程和智能行为（如学习、推理、思考、规划等）的学科，主要包括计算机实现智能的原理、制造类似于人脑智能的计算机，使计算机能实现更高层次的应用。人工智能将涉及计算机科学、心理学、哲学和语言学等学科,可以说几乎涉猎自然科学和社会科学的所有学科,其范围已远远超出了计算机科学的范畴。人工智能与思维科学的关系，是实践和理论的关系，人工智能处于思维科学的技术应用层次，是它的一个应用分支。

从思维观点看，人工智能不仅限于逻辑思维，还要考虑形象思维、灵感思维，才能促进人工智能的突破性的发展；数学常被认为是多种学科的基础科学,人工智能学科也必须借用数学工具;数学不仅在标准逻辑、模糊数学等范围发挥作用，在人工智能的学科研究中也发挥着不可或缺的作用。

对于人工智能的快速发展，人们在惊喜之余又有些担心。英国物理学家霍金（Stephen Hawking）非常担心，他个人的观点是如果人类过度开发智能的机器人，可能会在不知不觉中进入一个不可控制的“智能思维”时代。那个时候，稍有不慎，与人具有差不多智力水平、会说话、会思考、会自动编制程序的智能人，就可能会为人类的文明画上句号。

霍金先生认为：“计算机具备的人工智能将会在未来 100 年中的某个时点超越人类的智能。当这种情形发生时，我们必须确保计算机是站在人类这边的。”而且，“我们的未来是在日益崛起的科技力量与我们试图掌控它们之间的一场竞赛”。2016 年 10 月 20 日，通常以技术进步推动者形象示人的比尔·盖茨发表观点，他认为，未来的人工智能有风险，人工智能机遇与风险并存，对未来人工智能的看法并不那么乐观。

就目前来看，人工智能发展的状况，确实已经对人类传统阅读的方式和方法，产生了根本性的影响。无论是纸质书籍文献，还是电子出版物的出版、编辑、阅读，都在促使人类重新思考关于未来阅读的新概念。

第五章

阅读的奥秘与技巧

无论是传统阅读，还是其他形式，包括利用现代电子阅读器的阅读，都绕不开一个最根本的问题，那就是阅读的目的是什么？也许有人会说，我不为什么，就是为了消遣，随便看看。好了，从读书的分类方法看，这种看似毫无目的的阅读，其实还是一种精神消费的需要，也是为了达到一种非功利性的目的。

为了节约时间、提高效率，达到阅读的目的与效果，就要了解、选择适合你的阅读物，掌握阅读的一些基本技巧。

第一节　阅读思考与记忆

阅读，一般情况下都有指向性的目的。这就要求读者能在最短的时间内，找到需要的书籍资料，然后通过阅读找出所需要的具体内容，达到了解、欣赏、思考、比较、总结、记忆的读书目的。

一、如何选择你需要的书籍资料

在读书这个问题上，有人认为不管读什么书籍，只要阅读量大，就能达到博览群书、获得知识、提高能力的目的。显然，这种观点有失偏颇，如果杂乱无章、毫无选择地进行阅读，往往浪费了大量时间，也没有找到你所真正需要的内容。现实社会中，有很多人都喜欢读书，有时候会说自己一个月内读了多少本书，有时候一天就看好几本书，标榜自己一年内的读书量，能够达到一般人望尘莫及的程度。仿佛通过量化阅读量，就可以获得更多的知识、技能，达到提高自身素质、成为让人羡慕的饱学之士的目的。实际的结果表明，这种读书方法，不但费时耗力，读书的效果也很有限，往往是得不偿失。

每个读者，由于个人成长的经历不同，家庭环境、生活环境不同，接受的教育程度、所学专业都有差别，所以每个人的具体情况都是不一样的。在制订读书计划、选择书籍的时候，一定要根据自己的具体情况，实事求是、循序渐进地进行。

第一，综合书籍的选择。

如果是为了提高自己的个人修养与综合素质，选择书籍时就可以在文史哲方面进行筛选。而首选的目标，就是中外名著，包括历史、传记、哲学、文学等方面的内容。营养学上有句话叫作

“缺什么补什么”，这句话同样适合阅读物的选择。自己的缺点是什么？自己最需要补充的精神食粮是什么？需要从哪个方向进行突破？这些都是在读书前需要思考准备的工作。当然，你也可以向你身边有学问、有读书经验的人学习请教，以便更快、更好地制订出自己的读书计划。

第二，专业书籍的选择。

如果是从个人工作、学习的角度考虑应该阅读什么样的书籍，则书籍内容上应与自己的专业相匹配。选择书籍的时候需要更加慎重、缜密、科学，不能草率地做决定。

专业书籍的内容根据行业的不同千差万别，需要按照不同行业的标准去衡量书籍的权威程度，包括作者的专业水平、知名度、社会评价，书籍的出版时间等。

第三，新闻信息阅读渠道的选择。

对于新闻信息类书籍的选择分为两个方面：一是新闻专业书籍的选择，如《新闻学概论》《信息概论》等；二是指人们平时通过报刊、广播电视、网络媒体、手机媒体客户端阅读了解的新闻信息。由于信息时代的信息量急剧增加，时效性进一步得到强化，人们对于新闻的阅读要求标准不断提高。首先，人们开始慢慢改变原来以纸质媒体为主的阅读模式。以报纸为例，与网络、手机客户端随时发布信息相比，其时效性相对较差，而且报刊从印刷出品到与读者之间的传递以及阅读方式，都不如现代网络媒体来得方便。其次，传统的广播电视流媒体新闻信息的发布，也同样受到来自新兴网络媒体以及如雨后春笋般出现的自媒体的挑战。

所以，人们对于新闻信息发布媒体的选择，正在发生变化。值得注意的是，在对新闻信息阅读渠道进行选择的时候，除了注意时效性以外，还要考虑发布渠道的权威性、真实性，避免受到

虚假新闻信息的误导。

二、阅读物的思考与理解

在阅读的过程中，理解阅读物的内容，寻找具有价值的精神营养，获得你所需要的各种知识，需要读者对阅读物进行认真的思考。

书读得好不好，关键看读者对于书籍是否能够进行深刻的理解，形成自己的观点。有些人在阅读了大量书籍以后，并没有弄懂书籍文献的具体内容，无法消化书籍的思想精华，读完了仍然不知所云，这种阅读，显然没有什么效果可言。有些人读书不求甚解，结果就是一知半解，写起文章来咬文嚼字，机械地照搬照抄书中的句子与内容，给人造成一种读四声、认死理的“书呆子”形象，不仅对工作、学习、生活于事无补，还会无端地浪费时间与精力，弄得贻笑大方。

对于读书治学的思考，有人认为会经过三个阶段：初学见山是山见水是水，就如走进知识的海洋如饥似渴；见山不是山见水不是水，自认为读了很多书学到了很多东西；见山还是山见水还是水，读完书经过思考沉淀下来进入更高的一个境界。

王国维在《人间词话》中把读书治学做了巧妙的比喻：“古今之成大事业、大学问者，必经过三种之境界：‘昨夜西风凋碧树。独上高楼，望尽天涯路。’此第一境也。‘衣带渐宽终不悔，为伊消得人憔悴。’此第二境也。‘众里寻他千百度，蓦然回首，那人却在灯火阑珊处。’此第三境也。”

第一层的意思，可以理解为读书做事如登山，需心怀远大志向，不畏艰难与险阻，不达目的誓不罢休；只有登上文化的高山，跨越知识的海洋，才能俯视天下、仰天长啸。

第二层境界引用了北宋文人柳永《蝶恋花》里面的句子，意为读书者，应循序渐进，持之以恒，为了探索书中的奥秘，日思夜想无怨无悔。

第三层境界，是讲读书到了最紧要关头，千百次的寻觅，书山途中的花儿忽然开放，读书的喜悦之情油然而生；不经山重水复的艰辛，就没有柳暗花明的佳境。

这最后一个境界，引用了南宋辛弃疾《青玉案》词中的最后几句。梁启超称此词“自怜幽独，伤心人别有怀抱”。这是借词喻事，与文学赏析已无交涉。王国维已先自表明，“吾人可以无劳纠葛”。

王国维先生的一生非常具有传奇色彩。他涉猎甚广，是近代著名的考古学家、历史学家、哲学家、文艺理论家、诗人、学者，小的时候喜欢读《汉书》，却不喜欢举子业和《十三经注疏》，但 18 岁之前所接受的仍是传统的旧式教育。甲午战争后，使他“始知世尚有所谓新学者”（《静安文集·自序》）。22 岁起，他去上海《时务报》做事。在业余时间，他到罗振玉办的“东文学社”开始学习外语，后在罗振玉资助下于 1901 年赴日本留学。次年因病辍学回国，开始研究康德哲学，接着研读叔本华哲学。后来又觉得哲学“可爱者不可信，可信者不可爱”（《静安文集·自序》），便从哲学转向文学、史学、考古学和金石、音韵学方面，学问大进。在此期间，曾任北京大学研究所国学门通信导师、清华研究院教授等。

1922 年，王国维经推荐在溥仪的紫禁城小朝廷内充任“南书房行走”，并得到了“食五品俸”“赐紫禁城骑马”的封赏。1927 年，国民革命军北上时，王国维留下“经此世变，义无再辱”的遗书，投颐和园昆明湖自尽。

读书是为了学知识长见识，要坚持读好书、多读书，不要读

死书、乱读书。

清代纪昀以笔记形式所编写成的《阅微草堂笔记》里面，讲述了一个读死书、认死理的故事。刘羽冲，是沧州人，性格孤僻，平时喜欢讲古制，实际上在现实社会中自己的想法根本行不通。刘羽冲有两次因为按照书本上的知识照本宣科地进行试验，都失败了，可见瞎读书真的会害死人。第一次是看了一本兵书，就信誓旦旦自以为是熟读兵法的常胜将军，结果带兵一出战就被土匪打得落花流水，差点丢了性命。第二次，他得到一本治水的书籍，读了以后又觉着自己与大禹治水的水平一样，便跃跃欲试，还画了改造图游说州官。结果呢？水灾没治好，进行试验的村庄被冲得一塌糊涂。自此，刘羽冲每天总是自言自语、茕茕孑立，一直不停地念叨："古人岂欺我哉！"不久便在抑郁中病死了。纸上得来终觉浅，绝知此事要躬行。

刘羽冲没有在实践中灵活运用书中的内容及知识，而是纸上谈兵死读书，一再犯错却不接受教训，发人深省，值得后人深思。

相反，死读书不是读死书，就是在读好书的时候，下真功夫、苦功夫，以不达目的誓不罢休的精神，穷追不舍、追根求源，取得真经。

东晋人王嘉在志怪小说集《拾遗记》中，讲述了一个刻苦读书的故事。

说是有个叫任末的人，从小酷爱读书，到了 14 岁的时候，就背着书箱拜了很多老师，为了求学四处奔波。任末家里一贫如洗，有时候外出拜师求学，连住的地方都没有，就在树底下搭一个草棚，把荆棘削成笔，用树汁当墨水，开始读书学习。夜晚在月光下看书，没有月亮的日子，他就点燃枯草杂木照明。平日里每当读书有体会时，便把心得写在衣服上。跟他学习的人都佩服他能刻苦勤学，深得要领。为了索要他写的读书心得，好多人经常用洗干净的衣服跟他交换写满字的衣服。在选择书籍的时候，任末要求很高，不是古代圣贤的著作是不看的。临死的时候任末告诫后人说："一个人如果终身好学习，即使死了还像活着一样；要是不学习，即使活着也只能算行尸走肉罢了。"

在信息发达、阅读物丰富、读书方便的今天，已经很少有人因为没有书看而陷入这般困难的境地。但是，读书中存在的问题却日益增多。特别是在信息爆炸、时间碎片化、读书碎片化的现实情况下，人们读书的心态各异，不求甚解者、浮光掠影者比比皆是，对于经典书籍了解不够、阅读的时候思考不够，就很难获得真正的知识。

三、关于阅读质量与记忆

读书贵在质量，在于求真务实，在于掌握精华，留下美好的记忆。

随着生活节奏逐渐加快，人们被各种快速而便捷的生活模式所包围，于是快速阅读成为人们争相追捧的读书法，思维导图似乎成了被广泛传授的成功秘籍。然而，有学者对此也提出了质疑，认为读书的技巧不能以牺牲读书的质量为代价，否则读书也就失去了其本身的意义与价值。美国哲学家、教育家、作家艾德勒认为："超快的速度法是引人怀疑的一种成就，那只是表现你在阅读一种根本不值得读的读物。"大部分人仅强调阅读要快，却没有努力使用阅读技巧，只接收到书的表象提供的信息，从而忘记了在阅读过程中对知识点的消化。所以大部分快速阅读之后，大多数人的状态是这样的：读完书第一天有点印象，第二天仅剩模糊印象，到了第三天就忘记得一干二净。

书读得多并不等于读得好，读书多也并不一定可以提高我们

的思考力和理解力水平。要了解自己是不是总在舒适区进行“麻醉式”阅读，需要首先明确自己的阅读目标。如果你只是想消磨时间，毫不费力地阅读，比如喜欢睡前看一些网络言情小说、武侠游仙小说等消遣的东西，那就要清楚自己是在舒适区内阅读，这种阅读过程无须集中精神，无须反复思考，只是可以提高消磨时间的趣味性。舒适区的阅读仍然属于读书的乐趣，但对于我们自身综合素质的提升，可能收获甚微。因为在阅读过程中，我们无须努力，根本不用提高阅读技巧、无须集中注意力、无须发散思考、无须延伸逻辑等，只是随意看看而已。

第二节　阅读与欣赏

阅读书籍的过程，特别是在阅读美文的时候，是一种一路欣赏、如痴如醉、如临其境、令人愉悦的精神享受。

在人类文明高速发展到信息时代的今天，物质文明得到了空前的发展，人们的物质生活发生了天翻地覆的变化。一些国家在经历了工业化和科学技术的现代化以后，各方面都得到了前所未有的进步。但是，人们在享受着大发展成果之后，感觉物质文明的快速发展并没有给人类带来更多的幸福，反而增加了莫名的忧虑与对未来的担心。物质、科技的发展在给人们带来和平与安宁的同时，也带来了许多新的灾难和麻烦。对资源掠夺性的开采消耗、生态环境的日益恶化、地区保护主义的抬头、国际社会关系矛盾重重，特别是全球化的治理结构非但没有形成反而出现了一些倒退的现象，给人们造成了挥之不去的压抑与忧虑。这就促使人们必须重新思考人类社会发展的实质问题，确立新的发展策略

与方向，要充分认识到，科学技术的高度发展，并不能完全解决人的生存问题。

一、在阅读中寻求思考人文精神

一部浩瀚而没有穷尽的人文史，就是一部人类不断地“认识自己”的心灵历程的形象化的历史。正如英国著名美学家科林伍德所指出的：“没有艺术的历史，只有人的历史。”人文精神不仅是精神文明的主要内容，而且深刻地影响到物质文明建设。一个国家的国民人文修养的水准，在很大程度上取决于国民教育中人文教育的地位和水平。

当今社会，如何用人文精神来重构人与人、人与自然间的和谐关系并推进社会和经济的可持续发展，是值得重视与研究的一个课题。联合国教科文组织在第一次世界高等教育大会上指出，高等学校的首要任务是培养“高素质的毕业生和负责任的公民”。我国政府也做出了“深化教育改革，全面推进素质教育”的重大战略决策。这里的素质教育的重要组成部分，就是指人文素质教育。而人文学科是集中表现人文精神的知识教育体系，它关注的是人类价值和精神表现。人文精神，作为一种独特的精神现象，是人类智慧与精神的载体，是人类所特有的且为人而存在的人类有史以来不可分割的有机组成部分，它在人类的世代繁衍承传中一直占据着优先的地位。在所有的经典文学作品里面，无不充满着人文的丰富内容，展现着人性的光辉。

人文精神的核心就是“以人为本”。也就是说，要把人放在最重要的位置上，要尊重人的价值。人文精神是一种普遍的人类自我关怀，表现为对人的尊严、价值、命运的维护、追求和关切，对人类遗留下来的各种精神文化现象的高度珍视，对一种全面发

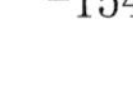

展的理想人格的肯定和塑造；从某种意义上说，人之所以是万物之灵，就在于人有自己独特的精神文化。人文精神不仅是精神文明的主要内容，而且影响到物质文明建设。它是构成一个民族、一个地区文化个性的核心内容；是衡量一个民族、一个地区的文明程度的重要尺度。

人文精神所涉及的是人的思考与关怀之极，所以其形成与变革无不深刻影响着一种文化和时代精神，影响着民族精神的形成和发展。因为人文精神是对人的存在的超越性思考。因此，它能以形而上的特征直指人的生存本质，直探人的精神世界和心灵世界的核心，具有塑造人的精神世界的重要功用。而人文精神因为这一基本的内涵，获得了具有哲学意蕴的丰富深刻的意义。具有了超越历史、时代和文化的永久魅力。

人文现象，是人类长期文化历史形成的积淀，是一种高尚的精神文明。

那么，什么是人文？科学与人文是什么关系？社会科学是不是人文？文学艺术是不是人文？在今天的社会，我们看到，理工科的学生，往往有知识、缺人文；社会学科的，甚至学文学艺术的学生也往往有知识、有艺术，缺乏人文内涵。人文，是一个动态的概念。从一般的意义上讲，比如我国《辞海》中就这样写道："人文指人类社会的各种文化现象。"我们知道，文化是人类，或者一个民族、一个人群共同具有的符号、价值观及其规范。符号是文化的基础，价值观是文化的核心，而规范，包括习惯规范、道德规范和法律规范则是文化主要内容。"各种"文化现象，显然就包括了先进的和落后的、科学的和愚昧的、优秀的和次劣的、健康的和病态的。

关于人文精神的内涵，其根本所在，一是人文精神是"对人的价值追求"，提倡人文精神与科学性的相容性，关怀的中心是

现实生活中人的身心全面价值的体现；二是人文指“区别于自然现象及其规律的人与社会的事物”，其核心是贯穿于人们思维与言行中的信仰、理想、价值取向、人文模式、审美情趣，亦即人文精神，认为人文精神是一个人、一个民族、一种文化活动的内在灵魂与生命；三是人文精神是把人的文化生命和人的文化世界的肯定贯注于人的价值取向和理想追求之中，强调人的文化生命的弘扬和人的文化世界的开拓，促进人的进步、发展和完善；四是人文精神是人类不断完善自己、拓展自己、提升自己，自己从“自在的”状态过渡到“自为”的状态的一种本领；五是人文精神是一种关注人生真谛的和人类命运的理性态度，它包括对人的个性和主体精神的高扬，对自由、平等和做人尊严的渴望，对理想、信仰和自我实现的执着，对生命、死亡和生存意义的探索等。

二、阅读经典的逻辑是在不断拷问人的灵魂

经典，不仅是名著的概念；赏心悦目，远远不是欣赏。那种掩卷沉思之中对于灵魂的拷问，才是经典的逻辑所在。

中华传统文化，尤其是儒家文化的精华正是体现在它的明人性、察人伦、崇道德、重责任、贵人民，主张心性是根，人伦是纲，人德（道德）是魂，责任是天，人民是本。而所有这些思想观念及其精华表现在人文精神上面，越发凸显出中华人文精神是一种合乎人性与社会文明发展方向的文化精神。

中华传统文化，尤其是儒家文化，其思想观念和道德规范都体现出丰厚的人文精神。通俗地说，只要理解了中华传统文化中的人文概念及其精神，就能清晰地把握中华传统文化的思想观念和道德规范。可见，认知和理解中华传统文化中的人文精神，对于整体认识我国的传统文化有着很大帮助。

让我们先看看“仁、义、礼、智、信、孝、悌、忠、廉、耻”到底讲的是什么内容。

仁，就是做到自爱、爱人、爱物，即对人有爱心、有情义，要成人之美而不成人之恶，尊重他人，宽容他人；义，就是要做你应该做的事，不做不应该做的事，做人做事要合道合德，讲求公正、中正；礼，即知道恭敬、庄重，对人要做到礼敬、礼谦和礼卑；智，即指判断是非善恶的良知良能，就是说做人要知道向善，要有向善之心、向善之能；信，即做到诚信、笃实、不欺；孝，就是善事父母；悌，讲的是兄弟姐妹要团结友善、善事兄弟；忠，就是忠心耿耿，对人对事大公无私诚实有信，具有侠义之心；廉，《孟子》有云：“可以取，可以无取，取伤廉。”即这个东西你可以拿，也可以不拿，然而你如果拿了就有损廉洁；耻，就是指你做了不合道不合理的事，对此你耳朵发烧、心跳加快，感到羞愧、难为情。

这十个中华民族的文化要素，是对做人做事的要求，也是中华民族文化人文精神的具体体现，每个要素都字字千钧，让人铭记在心。

作为中华民族文化的传播使者，任重而道远。作为一个文化传播者，一头担着“人文”，一头“化成”着“天下”，可以说是一种高尚的情怀，也是一种孜孜以求锲而不舍追求真理的文化精神。中华民族的美德具体表现在很多方面，真善美是根本是核心，自古以来读书人有读书人的风骨，有读书人的气节，有读书人的宽广胸怀，有读书人的远大抱负。这个气节风骨就是坚持寻求真理，决不低三下四苟且偷生，决不摧眉折腰事权贵，冻死迎风站，饿死不弯腰，为了捍卫人类纯洁的灵魂宁死不屈的精神。读书人的情怀远大高尚，有着心怀天下、为民请愿的决心，有敢为天下先的雄心。读书人的心是善良的、虚怀若谷的，己所不欲

勿施于人，与人为善是做人做事最基本的原则，这就是中华民族文化的优秀传统，是中国民族精神的精髓与骄傲。

我们阅读中外经典，为的是在人类文化遗产中，寻找人类文明中最光辉、最善良、最真挚、最美丽的人文精神。读十三经，你在思考什么？读了屈原的《离骚》，你学到了什么？读《史记》的时候，除了看到古代风起云涌的历史画面，你还看到了什么？你看到了那个被实施了宫刑，仍然在那里顽强地活着，苦苦地挣扎着，正气凛然、不卑不亢秉笔直书的司马迁吗？撼三军易，摧毁司马迁的意志却比登天还难！

这就是人文情怀，是读书人的大格局、大气魄大理想。司马迁以及他的《史记》给人们留下了无法估量的珍贵财富，这是人类文明真正、真实、珍贵的文化遗产，是人类享用不尽的精神源泉。

我们读着人类的历史，读着人类的文明，拷问着自己的灵魂。这就是读经典的意义所在。你可以看看中国的四书五经，看看中国的《三国演义》《水浒传》《西游记》《红楼梦》这四大名著，看看《平凡的世界》《白鹿原》等，你会有什么感觉？然后再去看看世界其他各地的文化历史，读一读荷马的《伊利亚特》《奥德赛》，比较一下希罗多德的《史记》与司马迁的《史记》有何区别，读一读塔西陀的《伯罗奔尼撒战史》，看看柏拉图的《文集》、亚里士多德的《伦理学》《政治学》，还有鲁克雷提阿斯的《论万象的本质》等。

你也可以比较一下奥古斯丁的《忏悔录》与卢梭的《忏悔录》都在向人的灵魂深处发出了哪些拷问？

还有但丁、莎士比亚、莫里哀、歌德、易卜生、萧伯纳、班扬、狄更斯、司汤达、巴尔扎克、福楼拜、霍桑、马克·吐温、塞万提斯、果戈理、屠格涅夫、陀思妥耶夫斯基、托尔斯泰、尼

尔顿、福克纳、海明威等作家的作品。然后再读一读现代作家毛姆的《人性的枷锁》、福斯特的《印度之行》、艾略特的《诗全集》《诗剧》、阿道斯·赫胥黎的《美妙的新世界》《评论集》等作品。

作为读书人，不可妄听妄议，兼听则明，偏听则暗。不去博览群书，连纸上谈兵的资格都没有。所谓“本立而道生”，就是这个道理。在当今社会，非常有必要让更多的国人多读书多思考，培养起人文精神和情怀，承载中华民族伟大复兴的历史重任。

遗憾的是，由于种种原因，这种伟大精神的影响，正在慢慢减弱。导致这种状况的原因，除了物质、科技发展带来的巨大冲击，关键是教育的缺失，家庭的、社会的、学校的，等等，近年来，机会主义、功利主义、拜金主义等实用主义逐渐蔓延，往往使一些人忘记了人文精神的初心。

新中国成立以来，我国的国民教育，已达到高度普及化水平。所以，是时候重新规划我们的教育体系，把人文教育的内容纳入我们民族复兴的大计之中。

在阅读中外古典名著的时候，你可以认真地思考一下，在经典内容的深处，在每一个人物的内心，对于人的本性的审视、拷问，无时不在提醒人们如何面对自己的人生。

三、文学素养的形成是推行人文素质教育的主要内容

文学素养的概念，不单单是指读几本经典小说、读一些诗词歌赋，更重要的是让人形成一种文学的精神，加强文学素养教育，让素质教育变成日常必不可少的内容。

无论在什么时代，提高自己的综合素质都是人们绕不过去的课题。特别是在信息时代高速发展的今天，在阅读方式发生

变化的时代，新的发展、新的突破，也会伴随着出现新的问题。历史地客观地对待发展中出现的问题，有利于及时准确地解决问题。现实的问题是，日益功利化的社会风气，使得人们在渴望改善物质生活的同时，过度地倾向于商业化思维，把人类生存的一切希望都寄托于金钱的本身，导致人与人之间的关系简单化、直接化、粗暴化，家庭成员的维系不再像原来那么密切，亲情友情变得越来越脆弱，人们的心境开始不安起来，感到来自社会诸多方面的压力，进入一个心神不定的彷徨阶段。

另外，一些学校也存在着以考试为目的、以分数论英雄的指导思想，在考试方式方法上一味追逐简单设计模式，机械式的、标准答案式的考试题目，占据了考试的主要内容，学生学习的方式方法当然也就变得机械与死板，慢慢形成了考试的“新八股”倾向，学生死记硬背、猜题、背题就可以得高分，结果就是高分低能的现象层出不穷，害人害己，实在令人痛心。在教学上，一些老师的教学方法也是以考试为中心，设置一个应对考试的主线，然后沿着这个为了考试而考试的教学方法，让学生进行机械的、反复的、不厌其烦的答题训练，以期获得更好的考试成绩。

由于教育设计的指导方向问题，一些学校和学生只好尽可能地利用一切时间，把精力放在专业技能的学习上，“两耳不闻窗外事，一心只读专业书”。人文方面的教育，以及人生理想、道德、法律、综合素养等方面的教育则逐渐边缘化。即使开设的语文、历史、哲学方面的课程，也是以考试为目的，没有做到举一反三，让学生知其然并知其所以然，接受启发式教育。于是，这样教育出来的一部分学生往往被看作“技术型”的“书呆子”，导致了许多现实问题不断出现：

问题一：一些高等职业院校的教育越来越片面化，呈现出技术化、工具化、机械化的倾向，青年学生往往被动接受纯粹技术教育。正如著名科学家爱因斯坦所说的那样：“用专业知识教育人是不够的。通过专业教育，他可以成为一种有用的机器，但是不能成为一个和谐发展的人。要使学生对价值有所理解并产生强烈的感情，那是最基本的。他必须对美和道德上的善有鲜明的辨别力。”

的确，爱因斯坦讲得非常清楚，作为实用技术教育，只是社会全面发展素质教育的一项内容，没有专业的技术、专业的技能不行，但仅有这些也是不够的，如何培养德智体全面发展的人才，培育真善美素质全面的国民，需要我们真正思考。

问题二：一些人思想偏激，人格构建不健全。以过度追求考试为目的的教育方法，长此以往除了出现高分低能的现象，还会导致一些人丧失起码的做人原则，精神空虚、缺乏理想、意志消沉，出现不健康的心理。一旦走向社会，在错综复杂的工作、生活环境中，就会迷失自我，看不到前进的方向。要么自怨自艾，不思进取，弄得自己郁郁寡欢，成为中看不中用的“低能儿”；要么自觉才高气盛，目中无人，一切向钱看，充满偏激情绪，甚至走上犯罪的道路。

近年来出现了一些青年心理缺陷导致的犯罪，有一些案例显得犯罪动机特别幼稚。同时，利用高科技进行诈骗等犯罪现象也越来越多，这些都是忽视人文素质教育带来的不良后果。

问题三：精通技术，思想保守，缺乏创新精神。技术教育主要培养学生的逻辑思维能力，而创造性思维的培养，绝不能离开形象思维。

人文精神的教育，对于人格的形成，思维的定式，丰富的想象力，都起着至关重要的作用。未来的社会发展，必将青睐思维活跃、情趣丰富、有创造力的人。

针对这些问题，教育部门以及社会各界应尽快想方设法，补

上这块短板。让人们，特别是当代大学生、中学生通过对文学作品的阅读与欣赏，学习掌握中外文学名著中经典的思想语言，增强自己驾驭语言的能力，并进一步增强与人交流、交际的能力，形成健康的人格；努力提高自身的审美能力和审美思辨能力，切实培养自己的创新精神和创新能力。以期提高国民的综合文化素质，造就新世纪合格的复合型人才。

第三节　在阅读中了解历史

总的来说，历史有两大作用，用俗话说就是：忘记历史意味着背叛；让历史告诉未来。唐太宗有句名言："以史为鉴，可以知兴替。"历史是螺旋式的发展，她重复出现，但又不是完全的重复。了解历史，了解传统，才能在社会中处于不败的地位。

从小处说，一个人的学习过程也可以说得上是一部历史，一个人的一生就是一部鲜活生动的历史。如果你不去认真地阅读历史，不在历史的这面"古镜"面前照出自己的美与丑、善与恶、真与假，那么你就很难学到人类已有的经验，很难吸取历史上发生的教训，避免重蹈失败的覆辙。

一、历史学的阅读概念与作用

所谓历史，就是对过去发生的事件进行回顾与记录，包括个人、社会、自然等发生的大事件、人类活动的主要轨迹等。关于历史的研究、评价与考证称之为历史学。历史是人类文明进化演绎出来的一系列活动内容，是一种文化的传承与记忆。

关于历史真相，总会引起人们的关心与猜测。虽然人们无法

回到过去探寻那一幕幕的历史画面，但是历史就是历史。我们看到的是一代代人书写的“历史”，这里面有真实客观的事件，也无可避免地掺杂着书写者个人的评价。历史是一面镜子，不同的人会照出不同的内心世界。对于历史事件的看法，也会随着时间的推移、个体的主观意志不同，产生很大的差异。追根究底，历史是已经发生的过去，任你如何看待，也没有办法去改变历史的状况。只是历史这门学科，需要尊重历史。史学家们编著的历史书籍，不能像文学作品一样任你发挥想象，书写的是历史的沧桑与无奈，是人类一步步、一辈辈走过的脚印。

我们阅读历史，阅读历史典籍，纵横几千年，跨越时空与历史人物进行对话，看那烽火连绵、金戈铁马、狂风暴雨、天崩地裂、瘟疫肆虐……人类佝偻着腰，从原始森林里面走了出来，繁衍生息，东奔西走，在地球上布满了种子，开始生根发芽，开花结果……

这就是历史，这就是人类的发展史，这就是人类不断完善的文明史。你在阅读的时候，你会想什么呢？你会站在历史的高度去俯瞰人生？在思考过去，还是未来？是慢慢走完现有的生活旅程，还是重新规划人生？你会知道你是人类的一个分子？一个组成部分？还是一粒小小的尘埃而已？总之，你不能无视历史的存在，不管你是怎样的人。

所以，在阅读历史的时候，一般人都会有这样那样的心态，作为平凡的人至少会有这些需要：

一是内心深处灵魂的需要。我们每个人都渴望了解自己，了解人类的历史，总是会问“我们是怎么回事，从哪里来，到哪里去”。这种内心对于时空的渴望与窥探，能填补对于生存环境的恐慌。而历史，看似是遥远的过去，其实就在眼前。阅读着腥风血雨的或者波澜不惊的历史，对比眼前生活的是是非非，社会的

跌宕起伏，千变万化的自然世界，无常的人生命运……你会感慨万千，自觉不自觉地进入历史性的反思模式，重新考量自己的未来以及面对生命的态度。

二是现实生活的需要。历史对我们的作用不是微观地体现在某一件事情上，或者临时用什么事件、故事中的策略来处理问题，不是简单的急功近利的表达，而是渗透在人们的内心和思想观念中，渗透在学习、工作、日常生活的方方面面。如果你是阅读了历史、懂得历史的读书人，你就会明白历史的深刻作用，不能陷入稀里糊涂的社会状态，也不甘心处于那种随波逐流的生活中。

说白了历史不能简单地解释为“教育作用”，确切地说，历史不应该是教育作用，而是一种告诫，一种自我反省的催化剂。历史可提供今人理解过去，作为未来行事的参考依据，与伦理、哲学和艺术同属人类精神文明的重要成果。历史的第二层含义，是一门学问，即对过去事件的记录和研究的“历史学”，或简称“史学”。隶属于历史学或与其密切相关的学科会衍生出许多概念，有在历史学基础上的年代学、编纂学、家谱学、古文字学、计量历史学、考古学、社会学和新闻学等。这些记录和研究历史的人被称为历史学家，简称“史学家”，中国古代称为史官。记录历史的书籍称为史书，如《史记》《汉书》等，根据编著者的不同，大约分为“官修”与“民载”两类史籍。

从狭义上讲，历史仅指人类社会发生、发展的过程。而广义上的“历史”概念，可以指过去发生的一切事件，不一定同人类社会发生联系。在哲学上，这种含义下的历史概念，称为历史本体，例如宇宙历史、地球历史、鸟类历史，等等。一般来说，历史学仅仅研究前者，即人类社会的历史。梁启超说：“史者何？记述人类社会赓续活动之体相，校其总成绩，求得其因果关系，

以为现代一般人活动之资鉴者也”。

国外研究者对于历史的定义，略有不同，各有千秋。

《大英百科全书》（1880年版）：“历史一词在使用中有两种完全不同的含义：第一，指构成人类往事的事件和行动；第二，指对此种往事的记述及其研究模式。前者是实际发生的事情，后者是对发生的事件进行的研究和描述”；《苏联大百科全书》：“1. 自然界和社会上任何事件的发展过程。宇宙史、地球史、各个学科史——物理史、数学史、法律史等均可列入这一含义。2. 一门研究人类社会具体的和多样性的过去之学科，以解释人类社会具体的现今和未来远景作为宗旨。”因为，历史学不仅仅是一种活动，不仅仅是专门的学问或学术，也不仅仅是一种知识体系，它更是一门在研究对象和任务方面都具有科学性的特殊学科。

对于中国马克思主义历史学来说，历史不仅仅是一门一般意义上的科学，它更是一门完成的科学知识形态意义上的科学。

二、中国文明历史的脉络

阅读历史之前，需要厘清人类历史发展的整个脉络，这对于阅读具有很大的帮助。

中国的历史，源远流长，由华夏大地各个民族的发展历史组成，是中华民族诞育和发展的历史。中华文明历经原始社会、奴隶社会、封建社会以至于现代社会，绵延五千年不断发展，是世界上最古老最具影响的文明之一。

中国古代勤劳勇敢的华夏民族，曾依靠先进文化和发达的生产力，建立了诸多鼎盛强大的王朝，文化波及欧亚大陆，尤其对东亚各国具有很大影响。在西方工业革命后，由于社会制度和生产力的停滞不前，中国逐渐落后于西方国家。中华人民共和国建立后，中国走上了社会主义振兴中华的道路。

中国是世界上历史脉络最清晰、最完备的国家之一，各种历史的记录时间长跨度大，内容丰富、精确、详细。中国历史自古代传说中的黄帝以来，已经有五千多年；自西周共和元年（公元前841年）以来的历史记录精确到年，自鲁隐公元年（公元前722年）以来则精确到月、日。中国的历史记录史籍分为编年体、纪传体、纪事本末体等不同体裁。与西方文明中存在着历史学不占主流地位的现象相反，中华文明的特点是非常重视历史，将“史”列为四种基本学科分类“经、史、子、集”之一（清纪晓岚等《四库全书》）。

法国17世纪学者魁奈，曾说中国的《论语》：“一部《论语》即可以打倒希腊七贤。”魁奈的理论受到中国经济思想的影响，当时他的门人称他为“欧洲孔子”。在评价中国的历史时，他说：“历史学是中国人一直以其无与匹伦的热情予以研习的一门学问。没有什么国家如此审慎地撰写自己的编年史，也没有什么国家这样悉心地保存自己的历史典籍。”

原始社会中，可以了解到的基本事实是，人类通过诸如结绳记事和口传等方法，记录传承历史。中国上古传说有“黄帝战蚩尤”“女娲补天”“大禹治水”等。国家出现后，则开始有掌管祭祀的“巫”官，同时担任记录时事、起草公文和掌管文书等工作，可以说是最早的史官。之后才逐渐出现了独立职能的史官，专门记录历史事件。在这个相对的“模糊时期”，中国出现了世界上最早的史书《尚书》，内容是历代政治文件汇编，文本上无特定的历史记录体裁。

从西周共和元年（公元前841年）起，中国有了按年记载的编年史，从此有了连续不断的历史记录，而且差不多每年都有史

可查。这在世界各国范围内也是极其罕见的。春秋战国时期的一些史学家开始实事求是地编著历史，如孔子（编订《春秋》）和左丘明（著《左传》）等，从人类发展的实际出发，重视人类社会活动，从而使历史基本摆脱了神学和宗教的影响。

西汉时著名的文学家、史学家司马迁，克服艰难险阻，耗费毕生精力撰写了《史记》，创建了纪传体的历史记录体裁。《史记》的编写规模，在当时世界范围内是空前的，之后东汉时班固著《汉书》，延续发展了《史记》的体例，是中国第一部纪传体断代史。这两部历史著作奠定了中国古典史学的基础，后来的历史学家沿用《史记》和《汉书》的体裁，将各个朝代的历史汇编成书，组成了“二十四史”，对应了各个朝代。从秦统一开始，一直到唐、宋、元、明，最后清朝结束，组成了完整的中国历史朝代表。除断代史之外，唐宋期间中国还出现了通史，如唐末杜佑的《通典》，宋司马光的《资治通鉴》，其中《资治通鉴》是叙事长达 16 朝 1362 年的编年体通史，是中国史学史上的传奇。

纵观中国历史的概况，你就会对历史、历史学的概念有个初步的认识。

以历史为认识对象所形成的一门学问，叫史学或历史学。也可以用“历史”一词代表。历史学的本质其实是把实际发生的事件转换成以意念和文字形式存在的历史的过程和方法。

关于历史学的目的和方法的研究探讨，在西方属于历史哲学的范畴，历史哲学的出现和发展，意味着历史学从单纯的历史纪录，发展成为对历史的解释和对历史规律的探求阶段。一开始，历史哲学仅仅关心如何改进历史研究的方法，但认为被研究和记录的历史就是真实的历史。在新康德主义和新黑格尔主义的影响下，人们对自身的认识过程有了重新的理解，哲学家开始重新定义历史学。

意大利哲学家克罗齐提出“一切真历史都是当代史”的命题，认为往事只有在当代人生活中发挥作用才成为历史，否则是“死的历史”。因此，同样的历史在不同的时期会被不断地改写。英国哲学家科林伍德又进一步认为“一切历史都是思想史”，即历史是历史学家思想的反映，不仅因时代而异，也因人而异。

值得注意的是，唯物主义的历史观认为，历史事件是客观存在的，历史则是历史学家主观对客观的历史事件的认识。由于人主观的局限性，对客观的历史事件的认识是有限的，主观的认识不能完全符合客观的历史，因此只有不断改进逐渐逼近，这一过程同自然科学的过程一致。为此，这种历史学被称为“历史科学”。

三、西方历史学的起源与阅读启示

在阅读全部世界历史的时候，你会了解到世界上关于人类最早的历史记载。

西方的历史学，开始于公元前 5 世纪，古希腊作家希罗多德在《历史》（又名《希波战争史》）一书中记录了希腊与波斯之间的希波战争。历史从此自神话和文学中脱离出来成为独立的学科。希罗多德也因此被罗马哲学家西塞罗称为“史学之父”。但希罗多德的记录中，真实事件与虚构事件混杂，并不是纯粹的历史。二十多年后，古希腊人修昔底德所著的《伯罗奔尼撒战争史》，治学态度严谨，历史记载翔实，才被公认为是西方第一部“信史”。公元前 2 世纪，希腊历史学家波里比阿撰写《通史》（又名《罗马史》），开始记录公元前 218 年至公元前 146 年 73 年间罗马帝国以及周围地中海沿岸各国、各民族的历史，可以说是具有真正历史概念的第一部“世界”通史。

史学家对于历史的态度是科学的、实事求是的，为人类整个

的发展进程奠定了基础。历史作为反映过去事实的工具，其本身必须具有一定的科学依据，坚持合情合理的原则，否则就站不住脚。科学的历史应具有以下特点：

一是运用年代确切的大事记。重大历史事件发生的时间、地点、主要内容的记载，为古代历史的编写提供了第一手真实可靠的资料。

二是有一定的史籍史料为依据。人们了解古代的历史主要通过对历史文献的研究和分析，内容翔实的古书，大大提高了历史的真实性，具有很高的参考价值。

三是有文物或遗址可以做比较。考古发掘的文物同样具有参考价值，可以使人们了解文物所属年代的风土人情。而对于遗址（如三星堆遗址）而言，科学家通过化学元素分析法（如C14 检测法）或对地质层进行研究，就可以对历史有一段明晰的了解。

四是符合人们的普遍意愿。即使是神话传说，也绝不是胡编乱造的，而是在长期的生产过程中，被广大劳动人民一直接受的故事。

历史学是现代科学的依据，一是它的研究对象的客观实在性和真实性。历史学研究的对象主要是世界各民族、国家的历史现象、历史事件和历史人物等，以及由它们所构成的历史运动事实和过程。历史是客观存在的，不以历史认识者的主观意志而改变，具有客观实在性和真实性。二是它所承担的任务。历史学的任务在于揭示世界各民族、国家的历史发展的特殊规律和特点，历史研究是一种旨在探讨人类社会历史发展特殊规律的认识活动。仅凭这两条，历史学就具有了一般科学所具有的科学性。

判断一门学科的科学性，一般根据以下几个方面：

（1）“研究的对象必须是客观实在的东西，因为只有客观

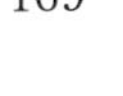

实在的东西，才可能有它内在的发展规律”。

（2）它“必须是旨在探讨对象发展规律的认识活动”。

历史学显然符合这两层要求。但是，这样的历史学还不能称为真正的历史科学，因为它只是具备了成为一门科学的必要前提，还不具备成为一种完成的科学知识形态所应有的充分前提。一门学科要成为一种完成的科学知识形态，还需要同时符合第三层要求：“必须以揭示出事物的规律为前提，然后按照事物本身的规律（即它的内在联系）去说明事物的原因，是为完成的科学知识形态。”

历史学对于个体历史学家来说，它可以成为他赖以谋生的一种技巧性或技能性的职业手段，也可以成为他从历史中汲取必要的文化素质或从历史中认识人类自身的一种方式，或是作为他提高其文化艺术体验和鉴赏能力的一种有益的精神活动；个体历史学家亦可以运用多种历史观来指导其历史研究；并非每一个个体历史学家、每一次具体的史学实践，都必须承担起揭示某一或每一民族、国家的历史运动特殊规律的任务。

但是，诸如此类产生于历史认识和历史学发挥其功能与作用过程中，仅仅来自史学主体的主观认识和这种认识形式、认识手段的特殊性和历史学利用方式的特殊性，或发生在个体史学主体身上的特殊现象，来自历史学发展过程中某一阶段所产生的特性，而不是产生于历史学确定的研究对象和任务本身，更非结合今天历史学发展现实状况的东西，是不能成为否定历史学是一门科学的根据的。

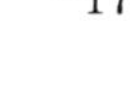

四、马克思主义的历史观

我们今天必须结合当代中国和世界的史学实践的现实存在状况，给出我们这个时代的关于史学的确切定义。史学定义的重新确定，必须符合并反映这个时代的要求。

这样一种完成的科学知识形态意义上的真正科学的历史学，迄今为止，只有马克思主义历史学。“马克思主义历史学的产生，是以马克思主义的唯物主义历史观的创立为前提的。这种历史观为历史学提供了一种科学的理论指导，使它显示出区别于以往其他史学的顽强特征，显示出它的鲜明的科学性。”马克思主义历史学在思想方法上的重要特征，是它仅仅从历史本身去认识历史，而不是从天上的云雾中或是从人们的心灵、头脑中去认识历史。换言之，马克思主义历史学，首先确定了史学研究对象的客观性质，把人类社会的一切历史都当成一个自然历史过程去研究，从而在历史研究的出发点上实现了深刻的变革。“它坚信，只有从顽强的事实出发，才能如实地揭示历史的真相。”其次，“马克思主义史学对唯物主义历史观的实际应用，获得了研究历史现象之间必然联系的方法论指导，从而使历史学真正成为研究事物规律性并依其规律展现描述真实历史过程的实证科学。”“使历史学成为科学的最重要的根据，是对人类社会历史运动规律的探讨。然而，至今的哲学发展史表明，还只有马克思主义哲学，也就是唯物主义历史观，真正揭示了人类历史运动的基本规律。于是，问题就简化成这样，只有用马克思主义的唯物主义历史观做指导，历史学才能成为真正的科学。”

据此，中国历史学的科学性，除它具备了一门学科的科学性所必须符合的一般性要求以外，根本的依据就在于它是归属于马克思主义历史学范畴的一门学科。换言之，马克思主义历史学的科学性，根本地决定了中国历史学的科学性。

我们可以给历史学或者说中国特色的历史学，做一个定义和简要说明：历史学是一门整合型的社会科学，是历史研究主体在马克思主义哲学所提供的一般规律指导下，运用一定的思维认识方式和手段，在与历史客体发生互动作用的过程中，通过对历史客体的分析研究，以理解其特殊规律和特点的一种精神生产实践及其创造出来的产品——历史知识。研究历史的意义，就是在于借鉴过去，更好更科学地投身到革新与创造的过程中去。

在这一史学定义中："整合型的社会科学"的含义是，历史学是一门以科学性和真实性为基础，内在地或是以"外加的"方式融合了特殊性、综合性（或整体性）、实证性、抽象性（或哲学性）、价值性、艺术性的整合型社会科学，因此它不同于一般的哲学、其他社会科学或人文学科；"历史研究主体"即历史学家，也不是一般民众或其他社群；"马克思主义哲学"，具体来说是历史唯物主义，主要是指马克思和恩格斯"特别强调的""特别坚持的"辩证的、历史的、唯物的观察事物的思想方法，而不是它的具体历史结论；"历史客体"，是指首先作为一种历史客观实在而存在（"自在之物"），然后才进入历史学家认识视野而转化成为认识客体而存在（"为我之物"）的世界各民族、国家的无数历史现象、历史事件和历史人物，以及由它们所构成的世界各民族、国家的客观历史事实和过程，是历史学的对象领域，因而它不是哲学研究对象之一的一般人类社会的客观历史过程；"特殊规律和特点"，是指世界各民族、国家的历史发展的特殊规律和特点，而非人类社会历史发展的一般规律和特点。

历史学在它的发展过程中经历了政治性的记事活动、附属

于政治而以文化积累为主的综合性活动、学问或学术、知识体系、哲学、科学等不同的表现形式和发展环节，在认识方式上经历了价值的、考实的、艺术的、科学的、哲学的等不同形式的认识方式。

历史学发展到了今天，虽然它必然地要包含先前出现过的一切表现形式或发展环节，并把它们当作自己不可或缺的构成因素或部分；就个别的或特殊的史学现象而言，今天的历史学亦可以其先前的某种表现形式而存在。

在一般意义上，今天的历史学已经进入新的研究时代，绝不可以归结为其中的任何一种形式或环节，或者依据其中的某一种表现形式或发展环节来简单地确定历史学的一般定义。今天的历史学，只能是一门整合型的社会科学。如果否认这一点，那么在认识论、方法论和哲学倾向上，就要么表现为历史观念的缺失，要么表现为对唯物主义辩证法的庸俗化和作为这种庸俗化的必然归宿的相对主义、怀疑论或折中主义。

列宁在阐述“唯物主义辩证法无疑地包含着相对主义，可是它并不归结为相对主义”的原理时说：“辩证法，正如黑格尔早已说明的那样，包含着相对主义、否定、怀疑论的因素，可是它并不归结为相对主义。马克思和恩格斯的唯物主义辩证法无疑地包含着相对主义，可是它并不归结为相对主义，这就是说，它不是在否定客观真理的意义上，而是在我们的知识向客观真理接近的界限受历史条件制约的意义上，承认我们一切知识的相对性。”

列宁关于马克思主义的唯物主义辩证法与相对主义之间的关系原理，对于我们今天确定历史学的定义、分析现有关于历史学的定义的价值、理解“历史学是一门整合型的社会科学”，乃至考察其他观念形态的事物，都具有极为重要的方法论指导意义。

归根结底，历史、历史学、马克思主义的唯物历史观，对于我们阅读与欣赏任何书籍文献，具有非常重要的指导意义。

第六章

阅读的修养

阅读需要修养，需要语言的修养；阅读需要哲学，需要哲学的修养。

阅读是一种主动了解、鉴赏、评价、思考、吸收、记忆的思维过程，是由阅读者根据不同的目的进行的文化活动；阅读可以陶冶人们的情操，提升个人的自我修养。阅读可以改变思想、获取知识，从而可能改变命运。

信息时代科技发展的结果，正在用不同的方式影响着人们的方方面面。阅读面临的挑战，不仅是阅读内容的变化，还有阅读方式和方法的改变。以网络文学为代表的“速食文化”让传统阅读者猝不及防、无所适从，如何使用阅读语言也开始变得复杂起来。

第一节　阅读的语言修养

阅读水平的高低，是阅读修养的直接表现。阅读修养不是一朝一夕就能培养出来的，首先是阅读语言的培养，这非常重要，是用本民族的语言进行阅读，还是使用其他语言进行阅读，取决于作品原著的语言版本、创作环境以及个人的综合素养。

一、阅读语言种类的不同影响

由于地理环境、生活习惯的不同，人类出现了不同的语言和文字。

关于人类语言的起源，研究者至今也没有得出一个明确的结论。在人类与猿人进行分离的时候，语言到底是什么时候产生的？还有，人类的起源时间到底是什么年代？这些至今仍然是不解之谜。但是，不管人类的语言如何产生，就人类进化到目前的情况看，语言文字已经成为人类沟通交流、记录历史、描述事件的主要工具。在世界各民族的分布区域，由于生存环境的差异，生产劳动的方式和方法的区别，人们的生活习惯、风土人情都或多或少地存在着不一样的情况。比如，处于热带地区的民族，由于常年处于高温状态，无须考虑御寒保暖，主要考虑防暑降温的问题，这些显然与生活在寒冷地区的民族有着很大的差异，正是这种看似与语言不相关的差别，导致了民族语言的多样化，所谓“十里不同音，百里不同俗”讲的就是这个道理。

语言学家的调查研究证明，生活在热带的民族身体通常比较矮小、灵活，喉咙发声比较细腻，有着自己明显的特点。寒冷地带的民族为了抵御寒冷的天气，身体发育比较壮实高大，说话声音较大，有些粗声大气。在这些民族的语言中，描述寒冷的词汇极为丰富，而对于热带酷暑天气的描绘，词汇相比之下要少得多。同样处于热带地区的民族，一生几乎见不到大雪纷飞的寒冷冬季，使用的语言中，对于冰天雪地的描述词汇，也就会比较少。生活在高山地区的民族，由于山高路远，交通闭塞，说话的声音声调很高，嗓音清脆，有着自己独特的语言。生活在沿海、海岛的民族，常年与大风大浪打交道，发出的语音很大，但是相对于高山居住的民族，声调不高，甚至有些浑浊，但穿透力极强。处于平原地区的民族，由于社会的环境相对稳定，与其他民族的交往较多，所使用的语言带有更广泛的包容性，发音相对比较平和。中华民族汉族的语言，最早就是在中原民族语言的基础上发展起来的。

全世界已经查明的语言共有 5651 种，其中有 1400 多种语言面临消失与衰亡的境地。目前，世界上人们使用的主要语言有汉语、英语、西班牙语、法语、俄语、阿拉伯语，这六种语言也是联合国公认的工作使用语言。

由于语言种类的不同，人们阅读的风格也不一样。即使是同一种版本的书籍，使用不同的语言阅读，除了语音不同以外，对书籍内容的理解以及翻译因素的影响，也会导致阅读的效果产生各种差异。所以，一般认为，对原著的阅读，应该使用原著的母语效果最好。这也是为什么用本民族的语言阅读翻译的经典名著，总会与原著的内容存在差异。

一种语言的消失，意味着一个民族文化的消失，一个民族历史的消失，一个数千年关于人文地理风土人情环境记录的湮灭。最后，这个民族也会被别的民族同化，把祖先的语言文化从大脑的记忆中抹掉。这说明语言具有民族性、传播性和很强的侵略性。

自从人类产生语言以后，在几万年乃至十几万年的进化过程中，人类的生存环境不断变化，人类当然也会不断地去适应这种变化，大脑、五官、内脏器官、四肢等身体的进化也会遵循“适者生存”的原则，去不断地自我完善，以便能够获得更多更好的食物，适应春夏秋冬四季的变化，应对突然而至的暴风雨、洪水、海啸、地震、火山爆发等自然灾害，让自己在苍茫的大地上耐得住风雪交加的严寒，熬得过烈日当头的酷暑，走出荒原，离开洞穴，开荒种地，打猎捕鱼，修渠筑路，建设房屋，进行繁衍生息，不断衍生到地球的角角落落。

当人类劳动、生活的内容日渐丰富，语言的发展就会不断加快，语言的词汇与句子的发展，也就需要进一步适应人类进化的步伐，尽可能地满足劳动、生活中人们进行交流、协作的需要，而且随着不同部落的环境差异以及不同的语言诉求，各种差异化的语言就开始产生了，这就是人类语言进行原始分枝的开端。

从语言学的观点出发，一个族群通常情况下，只要几百个语言词汇就能基本满足人们日常生活、劳动的交流需要，这样每一个族群在扩大领地进行发展的过程中，会不断衍生出新的部落，产生新的部落语言，直到人类经过无数次的语言升级换代，语言词汇不断增加，语句不断丰富，形成了适应现在社会发展需要的文明语言。

人类语言的分类从其诞生的那一刻起，就开始区别开来。也就是说人类的发音系统的发育晚于视觉系统的进化，人类首先是在看到外部的景象以后需要进行表达，才产生了说话的欲望，严格意义上讲，人类语言的产生和发展，是与人类的生活息息相关的。于是，人类的语言文字出现了象形文字与拼音文字两大派别。

以象形文字为代表的是汉字，从远古的图案文字、甲骨文、小篆直到现在规范的汉字方阵，仍然是以象形文字的架构发展完善起来的。尽管汉字从产生到现在几经变化，但是汉字的书写方式基本没有大的变化，从而形成了相对稳定的语言语种系列。

数量庞大的印欧语系，大多都是在拼音文字的基础上发展起来的。在拉丁语系的基础上，发展起来的有法语、意大利语、西班牙语、葡萄牙语以及罗马尼亚语等，语音、文字的基本要素是拉丁字母。在日耳曼语族基础上发展起来的语言有德语、英语、荷兰语、斯堪的纳维亚半岛的各主要语言；在斯拉夫语族基础上发展起来的有俄语、保加利亚语、波兰语；印度语系则衍生出梵语、印地语、巴利语等；阿尔泰语系分出了突厥语族、蒙古语族、通古斯语族三个语族；亚非语系衍生出阿拉伯语、希伯来语等。值得注意的是，世界上还有很多不同的语言族群，有些语言具有很强的独立性，可以说不属于任何语系，比如日语、朝鲜语以及其他的一些小语种。这充分说明，人类语言在发展进化的过程中的复杂性与多样性，不同的民族有着不同的语言与文字，对外界的事物有着自己不同的语言表达方式与方法。

由此看来，阅读语言的不同，尤其是使用不同的语言阅读同一对象的时候，对于阅读物的理解、思考与欣赏等会出现不一样的效果。

二、语言文字的阅读艺术

人类语言自从产生的那天开始，就在随着时间的推移慢慢分化，在语言实践中出现粗俗、中性、相对优雅文明的语言之分，并在文化作品中反映出来。人们由于接受的教育不同，家庭环境、生活环境、社会环境等成长因素的差异，个人的素养不同，说话的水平、涵养自然也就不会一样。有人说话粗俗不堪，语气蛮横，甚至骂骂咧咧、毫无道德；有人则心平气和，彬彬有礼，不卑不亢，给人以知书达理的感觉。这就是语言的艺术，同样的事件描述，有人会说得词不达意，含混不清；有人会轻描淡写，不着边际；有人啰里啰唆，说个没完；有人则言简意赅，思路清晰，逻辑思维紧密，表达准确无误。

所以，语言文字的阅读是一门艺术，阅读的本身也是一门艺术。人们阅读的内容不仅仅是单纯事件、故事的叙述，还有叙述语言的技巧与方法的艺术。

第一，大众语言、通俗语言的使用技巧。大众语言是指大多数人平常使用的口语以及通信语言，具有平民化的特点，通俗易懂，是在劳动、生活中自然形成的语言，具有浓郁的生活气息。大众语言很多是在俗语、方言的基础上发展而来。比如说“吃不了兜着走”，本来是说吃不了的饭菜拿走的意思，实际上是说对某个事情不能乱来，否则就会受到应有的惩罚。老百姓生活中还有很多概括性的成语，也是从生活中总结出来，表现得十分简洁，由浅入深、由简到繁。像安排工作时有人说“挑肥拣瘦”，与“拈轻怕重”这个词的意思相比，虽然没有直说其意，但通过对人们吃肉的习惯进行比喻，却更能引起人们的反响。

大众化语言一般不在文学创作或者正式文本中使用，但是也有文学、文艺工作者有意识地在文章、戏剧、电视和电影剧本中使用大众方言、俗语。作家赵树理创作的时候，就喜欢用当地平民化的语言，描述平民生活中的酸甜苦辣，用诙谐的、带着浓郁乡土气息的语言，反映普通人民的欢乐与哀愁。

第二，艺术语言的使用技巧。所谓艺术语言是指在进行文学创作的时候，所使用的带有艺术感染力的语言。在写诗歌的时候，就要考虑诗词格律合辙押韵、工整对仗、词语美丽而巧妙等情况；小说的语言主要是叙述故事、描绘故事、描绘人物，在故事情节非常生动、人物性格饱满的情况下，如果语言使用不恰当，平铺直叙地写出来的内容，阅读起来就会味同嚼蜡，没有可读性，也没有思想的深度，更谈不上艺术性了。所有这些，都是由于语言出了问题，语言没有艺术性，句子就没有艺术性，通篇下来也就可想而知了。

写小说讲故事第一是情节，情节生动感人，才能吸引人；讲好这个故事，就要学会说话，学会使用丰富的艺术语言。像比喻、拟人、夸张等手法的运用，都是写好文学作品所常用的技巧，如果没有足够的文字水平，没有语言的组织能力、创新能力，要想写好文学作品，就很难达到理想的目的。

比如人的年龄，直接简单的描述都是用数字年限进行表达的。但是发展到后来，十六岁就用年方“二八”，三十岁用“而立”之年，到六十岁就称“花甲”了。形容美女写的是：“沉鱼落雁之容，闭月羞花之貌。”

第三，哲学语言的使用技巧。关于哲学的语言就是富有逻辑性、条理性的说理语言。即使是假设的命题，也要有结论性的推论来进行支撑，才能称其为哲理性的语言。哲理性的语言除了在哲学著作、经济著作、法律著作等里面使用，一些文学作品，尤其是推理小说的内容，也会大量使用哲理性的语言进行创作。

哲学的语言，还体现在说话的分寸与艺术。说话的技巧，慢慢再使用到文字中用于写作，相互促进加快了语言的进步与发展。这种说话的技巧表现在日常生活中，就是说话要有尺度，办事要有分寸。中国人自古就讲究说话的尺度和办事的分寸。古人说：“遇沉沉不语之士，且莫输心；见悻悻自好之人，应须防口。”“世事洞明皆学问，人情练达即文章。”都是富有哲理性的语言。

第四，专业学术语言的使用技巧。学术语言是指在专业化书籍的写作中，使用的带有业务特点的专业术语，包括法律术语、经济学术语、医学术语，甚至一些公理、公式的推算等，都属于专业学术语言的范畴。

专业学术语言的使用，与通俗语言的使用方式是不一样的，具体的语言使用方法也不一样。专业学术语言需要有明确的概念与定义，不可模糊不清、词不达意，要求条理清晰、语言简洁，经得起推敲与质疑。

从世界范围语言运用的情况看，语言的传播速度正在以惊人的速度迅速扩展，正在向着强者更强、弱者渐微的趋势发展。这些强势语言除了语音的本身具有一定的优势以外，其广泛传播的原因主要是母语使用民族与国家的文化、社会、政治、经济、科技等比较发达，人们在进入信息时代的今天，交通、通信高速发展，世界各国人民之间的交流日益频繁。语言的学习与传播，就会自然而然地快速扩展。

由于强势语言的侵略性，其传播速度与覆盖率随着社会的发展不断变化。英语在这一方面就表现得特别突出，有资料表明英语正在成为全球通用语。这种传播的结果，也导致了英语语言随着使用民族与国家的不同而出现一些变化与变种，比如英语在美国使用以后，就形成了“美国英语”的概念，在一些词汇发音与句子的表达上，出现了一定的差异性。同样，在其他一些国家，也会出现中国英语、日本英语、巴西英语等现象。这种现象说明，强势语言的输出，一方面同化了其他民族的语言，另一方面强势语言在传播的过程中也会出现退化变种的现象，给原著语言带来一定的影响。

就职于南安普顿大学的语言学者詹妮弗·杰金斯认为：“奇怪的是，随着世界上受教育会英语的人越来越多，以英语为本族语的人反而会失去他们的语言优势。”因为不以英语为母语的交流者，更能适应彼此间融合掺杂了更多本族语言元素的英语。

这种情况引起一些学者的担忧，未来地球上所有人会不会随着强势语言的传播，出现说同一种语言的趋势？事实上，世界上一些语种正在消失，或者处于濒危，已很少有人在使用。虽然一些语言研究学者针对语言的消亡与衰微展开调查，进行一些记录，进行录音保存。但是由于传播速度、传播的影响力，以及语言完善进化的程度不同，导致一些民族语的使用与保护出现了极大的问题，呈现了让人担忧的消亡现象。

令人遗憾的是，说优势语言的人越来越多，说少数人语言的人正在逐步放弃自己原有的语言。这也许就是人类进化中文明与残酷共存的现象。

人们曾经寄希望于建立一个世界范围通用的语言平台，比如世界语的创建，结果显然不尽如人意。但是现实的情况是，随着强势语言的传播，世界正在由一个数千种民族语言的多语平台，向着不同的方向分化。

三、汉语阅读的特点

汉语是以典型的象形文字为基础发展起来的东方语言。在语系上属于汉藏语系。

“汉语”狭义的概念仅指现代标准汉语，是以北京话为标准语音、以官话为基础方言、以典范的现代白话文著作为语法规范。在非表音情况下，其他的方言白话文不能作为书面语。中国的中小学中教授汉语的文字、语法、文学等的科目叫语文，是对汉语文的称谓。

中国的语言学家大多认为，汉语是一种单一的语言，但国外部分语言学家和中国国内的一些语言学家，以及一些地方主义者认为，汉语作为一个语族，是官话、粤语、吴语、闽语、客家话等语言的统称，即汉语是由一簇亲属语言组成的语族，但综合起来看仍是一门语言。

汉语是联合国的六种工作语言之一，也是当今世界上作为母语使用人数最多的语言。除中国外，新加坡和马来西亚也是广泛使用汉语的国家。

中国有关文字法律规定：中国的国家机关以普通话和规范汉字为公务用语用字。很多国家都开始将汉语列为第二语言，加入授课内容。汉语主要分布的国家和地区有中国、新加坡、马来西亚、印度尼西亚、越南、缅甸、泰国、老挝、日本等。

据联合国教科文组织统计，会说汉语的人大约有 16 亿，居世界使用语言人口数量第一（占世界人口五分之一）、使用广泛度居世界第三（第一为英语，第二为西班牙语，有 5000 多万外国人把汉语作为第二语言）。

汉语是分析语，普通话有 4 种声调。汉语的文字系统是一种意音文字，兼具表意和表音功能。汉语包含口语和书面语两部分，古代书面汉语被称为文言文，现代书面汉语被称为白话文，以现代标准汉语为规范，语音采集地位于河北省承德市。

古代没有拼音，主要使用反切等方法来教人识字，就是用两个认识会念的字，取第一个的声母，取第二个的韵母和声调，拼合起来就行了。

明朝，西方传教士用拉丁字母拼写汉语，是中国最早的拉丁字拼音。

汉语的音节可以分成声母、韵母、声调 3 部分。一般来说，打头的音是声母，其余的部分是韵母，声调是整个音节的音高。把声调也看成音节的组成部分，是因为汉语的声调是辨义的。例如，“汤、糖、躺、烫”4 个字的声母都是 t，韵母都是 ang，只是因为声调不同，意义就不一样，在语言里分别代表 4 个不同的语素，在书面上写成 4 个不同的字。

从学术发展的角度看，在汉语拼音运动不同历史时期出现的

国语注音符号、国语罗马字、北方话拉丁化新文字，直至20世纪50年代后期的汉语拼音方案，显然是一脉相承的继承发展关系。汉语拼音方案的设计充分吸收了过去许多拼音设计，并广泛地听取了各方面的意见。方案固然有它匠心独运之处，但更多的是吸取并发展了历史上许多拼音设计的长处。

中华人民共和国成立后，政府制定了“汉语拼音方案”。联合国也承认了汉语拼音方案。汉语拼音是中华人民共和国的汉字“拉丁化”方案，于1955—1957年文字改革时被中国文字改革委员会汉语拼音方案委员会研究制定。该拼音方案主要用于汉语普通话读音的标注，作为汉字的一种普通话音标。1958年2月11日的全国人民代表大会批准公布该方案。

现代汉语作为以语素文字为文字系统的语言，文字高度的统一与规范，有统一和规范的语法。而汉字在表音上面更富于变化。在漫长的历史时期、广袤的领土疆域内，汉字的读音有一定因时因地的变迁，并导致方言的产生。但是汉语书面语言规范，消除了因为方言差异造成的交流障碍。白话文运动之前所使用的书面语叫作“文言”，是一种以上古汉语所使用的、以“雅言”为基础的书面语。在现代汉语的书面语中，虽然文言已经很少使用了，但是在中国语文教学中，文言文仍然占有重要的地位。白话文运动之后所推行的书面汉语通常被称为“白话”，即以北方官话为基础的现代书面语。

文言文在古代的一些东亚、东南亚国家都是官方行文的标准，而现时东亚国家使用文言文亦可交流，但是这种传统的语言因为使用者越来越少，而改为使用现代文体及学习外语来交流。

汉字，有繁体和简体之分，亦称中文字、中国字、国字，是汉字文化圈广泛使用的一种文字，属于意音文字的语素音节文字，为上古时代的汉民族所发明创制，并逐步改进而成。相传，汉字

的发明者是仓颉。目前，根据确切可考历史，汉字的历史可追溯至约公元前 1300 年商朝的甲骨文，再到秦朝的小篆，发展至汉朝才被命名为“汉字”，至唐代楷化以后，成为今日所用的手写字体——楷书。汉字是迄今为止连续使用时间最长的主要文字，也是上古时期各大文字体系中唯一传承至今的文字，有学者认为汉字是维系中国南北长期处于统一状态的关键因素之一，亦有学者将汉字列为中国第五大发明。中国历代皆以汉字为主要官方文字。

由于甲骨文字已经是相当成熟的文字体系，可以把汉字的发展划分为两个大阶段：从甲骨文到小篆是第一个阶段；秦汉时代的隶书以下是第二个阶段。前者属于古文字的范畴，后者属于近代文字的范畴。大体说来，从隶书到今天使用的现代汉字形体上没有太大的变化。从汉字跟汉语的关系看，汉字是一种语素文字。从汉字本身的构造看，汉字是由表意、表音的偏旁（形旁、声旁）和既不表意也不表音的记号组成的文字体系。

汉字起源于图画。在汉字产生的早期阶段，象形字的字形跟它所代表的语素的意义直接发生联系。虽然每个字也都有自己固定的读音，但是字形本身不是表音的符号，跟拼音文字的字母的性质不同。象形字的读音是它所代表的语素转嫁给它的。随着字形的演变，象形字变得越来越不象形。结果是字形跟它所代表的语素在意义上也失去了原有的联系。这个时候，字形本身既不表音，也不表义，变成了抽象的记号。如果汉语里所有的语素，都是由这种既不表音也不表义的记号代表的，那么汉字可以说是一种纯记号文字。不过事实并非如此。汉字有独体字与合体字的区别。只有独体字才是纯粹的记号文字。合体字是由独体字组合造成的。从构造上说，合体字比独体字高一个层次。因为组成合体字的独体字本身虽然也是记号，可是当它作为合体字的组成成分时，它是以有音有义的“字”的身份参加的。

汉字用来记录汉语已经有3000年以上的历史，一直沿用到今天，没有中断过。在如此长的历史时期里，汉字不仅为人们的现实生活服务，而且记录下极其丰富的文化资料；甚至跨越国界，被日本、朝鲜、越南等邻国借用记录非汉语语言。另外，长期以来也不断有人批评汉字的缺点，主要是说汉字难认、难写、难以进行机械化印刷排版、打字等。因此，在扫盲、儿童识字教育、文化传播等方面，都不如拼音文字效率高。跟拼音文字比较起来，汉字有它的短处，但是也有它的长处。汉字最大的长处就是能够超越空间和时间的限制。

古今汉语字音的差别很大。但由于2000年来字形相对稳定，没有太大变化，字义的变化比较小，所以先秦两汉的古书今天一般人还能部分看懂。如果古书是用拼音文字写的，现代人可能就无法理解了。有些方言语音差别也很大，人们彼此不能交谈，可是写成汉字，就能理解了，道理也是一样的。日语里使用汉字的地方，说汉语的人也能基本看明白意思。

我国20世纪50年代开始进行汉字简化的工作。1986年重新公布的《简化字总表》规定了两千多个简化字（包括用简化偏旁类推的字）。这项工作现已告一段落，今后在一个时期内将保持稳定，不继续简化。因为不断简化会破坏文字的稳定性，而且简化一批字以后，原来的繁体字并不能废除，但只用于古汉语教学和书法影视剧等艺术作品中。新加坡和马来西亚在20世纪七八十年代从中国引进了简体字。

汉语书面语和口语的差别一直相当大。在五四时期白话文运动以前，书面语和口语的区别实际上是古今语的区别。以唐宋时代为例，当时人们嘴上说的是白话，笔下写的是文言，即以先秦诸子和《左传》《史记》等广泛传诵的名篇为范本的古文文体。这种情形往上大概可以推到两汉时期，往下一直延续到20世纪

初叶。孙中山先生 1925 年立的遗嘱，还是用文言写的。不过 2000 年来，作为书面语的文言本身也在变化。仿古终归难以乱真，后世人模仿古语不可能不受当时口语的影响。有人指出韩愈的文章里就有明显的不合先秦语法的地方。清代桐城派古文家模仿先秦文和唐宋古文家的文章，结果当然更为驳杂。

四、人类未来阅读语言的发展

特别是信息时代，人工合成语音也就是计算机语言的出现，给人类语言的传统定义带来了挑战。目前的机器语言，已发展到智能计算机语音状态。智能语音的特点之一，就是利用读写软件，可以把母语的阅读、写作转化为你所需要的语言、文字状态。

据语言研究者调查统计，世界上现有语言中，现在人类仅存的语言不到六千种，其中还有一千多种语言没有被人们承认是独立存在的语言；还有一半的语言没有相应的文字，仅限于口头语言的传播状态。

语言的特点主要表现为。

第一，符号性、指向性，即语言的含义描述可以指向对应的事、物；语言是社会约定俗成的表达观念的符号，符号的本质是社会的。它在某种程度上要逃避社会上某一些小集体、小圈子的意识。这是语言最主要的特征。语言是一种社会契约，一个社会接受一种表达手段而排斥另一种表达手段其实都是社会上的集体意识的习惯。或者可以说，没有好坏之分，关键是使用哪一种表达方式。语言符号是一种包含着两面性的实体。一方面语言是表示事物的名称的，所以任何语言都是概念的映象，即具有所指性；另一方面，语言要依托声音这种媒介来表达所指，所以说语言也是声音的映象，声音是语言的另一个侧面，也就是说语言具有能指性。

第二，描述性、任意性。描述性是指语言的准确程度，可以对事、物进行描绘；任意性是指语言符号和文字能指和所指之间，是一种任意的连接关系（是不可论证的），即使有的可以论证，但是在普遍意义上来讲，还是不可论证的关系。这就是世界上的语言为什么各式各样的原因之一。

第三，逻辑性、线条性。逻辑性表明语言是一种有结构、有规则的指令系统；所谓的线条性是指语言的能指是依托声音来完成的，所以它只能在一维的声音的空间里传播，而不能突破声音的范围和能力，所以说在分析语言的时候，语言使能在横向上依照词语出现的先后顺序来完成，这也造就了语言使用和表达的局限。但是语言的声音性，决定了语言的线性是不可消除的必然结果。

第四，传播性、传承性。语言的传播性，是指人类需要通过学习，获得具有统一编码解码标准的声音（图像）指令；所谓传承性，一是指语言可以受公共大众共识传播并保存，现代语言却又是建立在原有古代语言的基础之上的；二是指语言以自己的风格特色吸引或者促使人们，在生活生产中自觉不自觉地通过语言这个工具直接或者间接影响着相关的人群，或者波及其他更广泛的区域，达到传承的效果。另外，语言在人类社会发展当中，不仅在人与人之间，古代人与现代人之间，中国人与外国人之间储存了文明的精华信息，承担文明发展的桥梁的作用，同时，也由于语言本身的强大的交际性功能，更显示出独特的交际功能，在丰富的交际中应对各种变化，产生更加有表达力的语言，产生更多的基于生活生产的实际意义。

第五，稳定和可变性。语言是一个处在不断地运动变化发展之中的体系，这个体系中的各个要素既有一定的稳定性，也有一定的变动性。稳定性是语言系统已存在的前提，也是语言自身被大规模研习使用的必备条件；变动性不仅仅是作为一个系统，语

言内部的不断衍生、发展的规律所致，而且也是语言的传承性的表现。任何事物都是不断的运动变化发展的，新事物不断地产生，旧事物不断地消亡。语言也是这样，语言系统的变化虽然不是很明显，速度并不是很快，但是受到使用的推动以及社会、文化等很多因素的影响，语言本身在不断地向着经济、简练、实用、包容力强、表现力强的趋势发展。

语言内部的各个组成部分都有着不同方式、不同形态的变化，而且变化的多少快慢也是不一样的，但是在以往的研究中，我们逐渐掌握了越来越多的规律来解释、预测语言的变化。这不但体现了人们对于语言学的关注、探索取得了很多的成就，同时也昭示了语言学的变化性还是有据可依、有律可循的。

随着社会交通、信息的发展以及自由度的增加，人类四处迁徙，沟通面逐渐加大，语言的需求度随之增加。对于普通读者而言，阅读只需要一般的阅读方法就可以。但是，话剧、影视剧对于演员的语言有着特殊的要求，除了语音标准等，还需要根据剧情的要求确定语言的风格、语言的表达方式。一般来讲，对于广播电视播音员、主持人的语言要求更高，需要进行语言发音方面的专业培训。

由于阅读语言的不断变化，导致阅读方式方法相应变化。语言的差异化导致作品的内容、风格不同，阅读起来也呈现不同的效果。综观人们的研究，语言发展变化主要受以下因素的影响：

（一）社会因素的影响

语言是人类最重要的交际工具，语言要很好地发挥这种交际工具的作用，紧紧跟上社会的发展步伐。语言的这种工具属性，决定了社会的各种发展变化必然会促进语言的发展变化。首先，当社会上出现了新的现象或新的事物时，语言中就会出现新的词语来指称对应。比如机器人、互联网、电子邮件、量子通信等。

其次，对于原有的事物来说，随着科学的发展和时代的进步，人们对它的认识有了发展变化，原来指称这些事物的词语的意义，也会随之发生变化。

（二）心理因素的影响

语言既是人类最重要的交际工具，也是人类最重要的思维工具。语言在交际和思维的过程中，不可能不受到语言使用者心理的影响。这种心理的影响必然会引起语言的发展变化。

（三）语言自身发展变化的因素

社会和心理因素是语言发展的外部因素，这些外部因素只是对语言的发展变化提出了要求、提供了动力，而语言能不能接受和满足外部因素的要求，怎样把这些外部因素的要求和动力转化为各种各样的具体的发展变化，还取决于语言自身的内在因素。语言和言语的矛盾运动，语言各子系统之间的相互影响，口语和书面语的相互影响，语言、方言间的相互接触，都是影响语言发展变化的重要因素。

由于这些因素的影响，许多书面语的语汇进入口语，许多口语的语汇进入书面语，这是口语和书面语相互影响的结果。语言之间还存在词语借贷的现象，汉语中许多粤方言词语进入普通话，就是语言、方言间相互接触带来语言发展变化的结果。语言发展变化的这些自身因素，归根到底来自语言的形式和意义之间的矛盾。语言形式和意义之间的矛盾运动，把影响语言发展变化的各种外部因素，通过意义吸纳转化为语言发展变化的内部因素，从而使语言处于不断的发展变化之中。

在人类不断进化的过程中，人们曾寄希望于世界会在语言方面走向大同，逐步走向一种世界语言的理想状况。

世界语（Esperanto）是犹太人波兰籍眼科医生拉扎鲁·路德维克·柴门霍夫博士（Ludwig Lazarus Zamenhof）于 1887 年发

明创立的一种人造语言，旨在消除人类国际交往的语言沟通障碍，让全世界不同肤色、不同种族的人民在人类大家庭里像兄弟姐妹一样和睦共处。“Esperanto”词汇原义为“希望者”，表达了对人类美好未来的憧憬。讲世界语的人被大家尊称为“世界语者”（Esperantisto）。世界语已经成为国际上使用最广泛的国际辅助语之一，目前全球 150 多个国家和地区都有世界语者及世界语组织。1954 年，联合国教科文组织正式把国际世界语协会列为教科文组织 B 级咨询关系单位，从而确定了国际世界语协会（UEA）在联合国教科文组织的正式地位。

世界语的语法严谨、语音优美、逻辑性强、表现力丰富，很多世界经典名著都有世界语的翻译版本。世界语是一种计划语言，书写形式采用拉丁字母，共有二十八个字母，一个字母只发一个音，每个字母的音值始终不变，没有不发音的字母，读音和书写完全一致。每个词的重音固定在倒数第二个音节上。学会了二十八个字母的发音并掌握它们的拼读规则，就可以读写出任何一个单词。世界语基本词汇的词根，大部分来自欧洲各民族语言。世界语的语法由十六条基本规则衍生出来，简洁且富于逻辑，因此比较容易掌握。

自从 1887 年世界语被创制以来，至今已有一百余年，其内在理想是在各民族之间架起中立的桥梁，大家平等交流，弘扬爱戴本民族与全人类相统一的博爱精神。联合国教科文组织于 1954 年和 1985 年，两次颁文肯定世界语在为促进人类交流方面的成就，并倡导全球性的世界语推广与使用。目前，全世界约有 2000 万人学习和使用世界语，各国定期出版的世界语刊物逾千种，有一百多个国家成立了国家级世界语组织，还有近百个专业性的世界语国际机构，包括几乎所有社会行业。

但是，世界语使用以来，尽管许多世界语推广工作者做了长

期大量的工作，取得了不少进展，却并未能像人们希望的那样席卷全球成为“国际普通话”，推广普及率有点不尽如人意。特别是“二战”结束以后，美国迅速崛起，社会形态空前强大，美式英语也随着美国的经济、文化、政治、军事等领域的扩张，风靡大半个地球，人们对于英语的学习与追捧，给世界语的推广造成了很大的障碍。目前，欧洲几乎所有国家的世界语组织都存在活力不足、成员老化的问题；亚洲的世界语组织，面临着年龄结构不合理、机构松散、成员分化、水平参差不齐等困难。

世界语未能成为国际普通话的原因有很多，但归根结底还是语言本身的性质起着决定性作用。世界语的推广支持者认为，世界语的优势在于没有“民族性”，因此也就不会带来语言上的“霸权”和“不公平”；但从另一方面看，这也许恰恰是世界语不普及的原因。

从世界语这门语言的内部结构看，世界语虽然冠以“世界”的头衔，但不同国家和地区语言的多样性致使其难以“以一概全”。众所周知，中文、日文等属于象形文字，印欧语系主要是字母语言，两者的差别显而易见，在学习过程中所遇困难和所需技巧也大相径庭。世界语的词根60%来自拉丁语族，30%来自日耳曼语族，10%来自斯拉夫语族，可见它与世界各语言的接近程度并不相同，属拉丁语族的语言学习者更容易掌握，但对于汉语语言使用者来说，仍然要求具备较好的英语或其他外语基础。并且这三个语族的总人口数和它们所包含的语言数，在合计人数和语言数中都只占少数，因此其很难成为通行的世界语言。

柴门霍夫在公布这一语言方案时，根据听、说、书写的需要制定了语法的 16 条基本规则，把世界语的发展规范在这 16 条基本规则之中。一百多年过去了，世界语的 16 条语法规则没有变，世界语没有演变成另一种方言，却也没有因被世界各国人民学习、推广和使用，而实现其作为全人类共同语言的初衷。作为一种人

造语言，世界语只能在词汇方面发展，语音、语法没有任何变化，语言学习最需要培养的是应用能力，可是当前世界语应用范围相当局限，特别是日常应用几乎为零，教学过程中除了语音、语法、词汇的堆砌外，语言的应用无从谈起。

从外部社会发展的大环境看，每一个民族的语言都有一个民族或国家做它的载体和后盾，某种语言的复兴或传承必须得到必要的人力、财力和政府专职机构的支持。试想，当周围环境已经将英语作为通行语言时，谁愿在学习英语的同时，花更多的时间、精力和钱财去学习没有几个人懂的世界语呢？

从事世界语传播的国际性组织都只是胸怀热情和美好愿望，一开始就采用自愿原则，无视当前世界各国经济政治地位上的差异，缺乏强大国家机器的捍卫，没有能征善战的军队做前锋，自然寸步难行。

另外，世界语的学习动机的欠缺和教学方法的局限都限制着它的进一步发展。侯志平认为：“和其他外语相比较，我们不必在培养学生学习积极性上下很大的功夫。因为自愿参加世界语学习的人，都有一种为献身世界语而奋斗的精神。”可是学习需要外在和内在的动力同时作用，特别是对于年龄越小的语言学习者来说，完全靠自觉自愿的原则似乎太理想化。

世界语像是一座空中楼阁，没有坚固的民族基础，没有它所代表并服务的政治、经济基础，也没有学习的外在动力。虽然创造者声称世界语属于全世界、全人类，其实在推广宣传与学习的过程中，却时常让人感觉它不属于任何人。

相反，英语却似乎表现出了成为全世界通用语言的趋势。英语最早由日耳曼人入侵英国的南部和东部得到发展，随后又散播到西部和北部进入爱尔兰。在文艺复兴到 18 世纪的时候，英国海军和移民者把英语带到了北美和澳大利亚；在 19 世纪大英帝国的

鼎盛时期，英语成为非洲大部分地区、印度次大陆以及如中国香港、新加坡等经济前沿地区和国家的官方语言。今天，在英国国境外说英语的人口已远远超过了国境内的本土语言持有者。显然，英语已不只属于一个国家或民族。英语被称作一种国际性语言，包括两层含义：一方面是指它的使用范围，另一方面还可以指它的词汇来源。英语的形成和发展，有一个显著的特点，即兼收并蓄。如果我们比较一下英语和同属一支的德语，英语易学、易用，越来越“大众化”的特点就愈加凸显。英语词汇有 80% 来源于外语，包括凯尔特语、日耳曼语、德语、斯堪的纳维亚语、荷兰语、罗曼斯语、拉丁语、法语、西班牙语等，它几乎和欧洲所有的语言都有相通、关联之处。20 世纪以来，随着英语影响的持续扩大，大批英语词汇融入其他国家的语言，但英语吸收外来词的现象仍然非常普遍。事实上，英语的扩张是伴随着军事、经济、政治的扩张，不断扩散。更准确地说，语言扩张只不过是军事、经济、政治扩张的伴随物而已，但这个伴随物反过来却起着“润物细无声”的作用，在当前的经济政治秩序下，不发达国家要寻求发展必须放眼全球，必须向发达国家学习先进的科学技术以及社会管理理念等进行贸易交往。由此，学习英语成了必然之需，英语的扩张从殖民地时期的强制性输出，转向了自发、自愿性的主动交流，从而赋予跨越国界的英语词汇更多的形式和内涵。

各民族的语言，各有优缺点，都需要不断完善。世界语的诞生最初并不是为了抵制语言霸权，而是为了实现国际共同语言的理想。

人类语言这种世界性的巨大变化，给当代人们的阅读带来了根本性变化。你可以利用母语阅读本国的书籍资料，也可以学习其他国家的语言阅读其他国家的书籍。这种直接阅读原著的感觉与效果显然与阅读翻译过来的作品有着很大的差别。

第二节　阅读的哲学修养

阅读的过程，是思考的过程。不管阅读的对象是何种类型的阅读物，阅读者都要学会科学运用感性思维、理性思维进行思考，学会鉴赏、分析、总结、记忆等哲学的阅读方法。

一、哲学的定义

哲学是对基本和普遍之问题进行研究的学科，一般具有严密逻辑系统的宇宙观，它研究宇宙的性质、人在宇宙中的位置等，一些最基本的问题。

哲学分支有中国哲学、西方哲学、伦理学、宗教学、美学、逻辑学、科学技术哲学等。

“哲”一词在华的起源很早，历史久远。如“孔门十哲”“古圣先哲”等。“哲”或“哲人”，专指那些善于思辨、学问精深者，即近似西方的“哲学家”“思想家”之谓。一般认为中国哲学起源于春秋战国时期，以儒家、道家、墨家、法家为代表。而实际上在之前的《周易》，就已经开始讨论哲学问题，是中国最早的哲学著作。

哲学的定义一直存有争议，这争议随着历史的前进而不断地发展。一般认同哲学是一种方法，而不是一套主张、命题或理论。哲学的研究是基于理性的思考，寻求能做出经过审视的假设且不跳脱信念或者只是纯粹的类推。不同的哲学家对推理的本质有不同的想法。

英国哲学家罗素对哲学的定义很有意思：“哲学，就我对这个词的理解来说，乃是某种介乎神学与科学之间的东西。它和神

学一样，包含着人类对于那些迄今仍为确切的知识所不能肯定的事物的思考；但是它又像科学一样，是诉之于人类的理性而不是诉之于权威的，不论是传统的权威还是启示的权威。一切确切的知识——我是这样主张的——都属于科学；一切涉及超乎确切之外的教条都属于神学。但是介乎神学与科学之间还有一片受到双方攻击的无人之域；这片无人之域，就是哲学。”

柏拉图指出：“thauma”（惊奇）是哲学家的标志，它是哲学的开端。柏拉图满蕴深意地说：“iris”（彩虹，虹之女神，宙斯的信使）是“thauma”（惊奇）之女，并无误溯其血统。“iris”（彩虹）向人传达神的旨意与福音，哲学是由惊奇而发生。在其注目之下，万物脱去了种种俗世的遮蔽，而将本真展现出来。由此，它把自己展现为一种真正解放性的力量。

亚里士多德在《形而上学》中说：“求知是所有人的本性。人都是由于惊奇而开始哲学思维的，一开始是对身边不解的东西感到惊奇，继而逐步前进，而对更重大的事情产生疑问，例如，关于月相的变化，关于太阳和星辰的变化，以及关于万物的生成。一个感到困惑和惊奇的人，便自觉其无知。”[1]

黑格尔在《小逻辑》中指出：哲学是一种特殊的思维运动，哲学是对绝对的追求。“哲学以绝对为对象，它是一种特殊的思维方式。”[2]

爱因斯坦这样谈论哲学：如果把哲学理解为在最普遍和最广泛的形式中对知识的追求，那么，哲学显然就可以被认为是全部科学之母。

18 世纪德国浪漫派诗人诺瓦利斯（1771—1801）关于哲学的定义：哲学是全部科学之母，哲学活动的本质原就是精神还

[1] 亚里士多德．形而上学［M］．吴寿彭，译．上海：商务印书馆，1959:12.

[2] 黑格尔．小逻辑 [M]．贺麟，译．上海：上海人民出版社，2009:8.

乡，凡是怀着乡愁的冲动到处寻找精神家园的活动，皆可称之为哲学。

冯友兰在《中国哲学简史》中提出自己的哲学定义，“就是对于人生的有系统的反思思想”。中外哲学的产生皆起源于疑问。

西学东渐哲学进入中国后，学界发生了中国本土文化中有无哲学的论争。认为中国有哲学的人把哲学定义为关于宇宙和人生的基本思想。胡适在他的《中国哲学史大纲》中指出：“凡研究人生切要的问题，从根本上着想，要寻一个根本的解决：这种学问，叫作哲学。”[1]对哲学的主题亦存在许多看法。一些人认为哲学是对问题本身过程的审查；另外一些人则认为实质上存在着哲学必须去回答的哲学命题。

后现代主义把哲学定义为创造概念的学术。哲学所涉及的研究范畴是其他学科的总和，它给出对世界本质的解释，在很大程度上影响着接受者的世界观。

哲学是研究范畴及其相互关系的一门学问。范畴涉及到一门学科的最基本研究对象、概念和内容，哲学具有一般方法论的功能。哲学和其他承述问题方法的差异是有批判性的、有条理的方法以及以理性为基础的辩论。

哲学是广义的科学，不涉及具体，其研究范围是具体科学的广义概念。

所以，从某种程度上讲，哲学是包罗万象的学问，是形而上的学问，阅读学的研究，当然也离不开哲学的方法。哲学的萌芽，来自原始社会人们对于自然现象的诸多不解与疑问，后来这诸多的思想开始生根发芽，向着天空、大地、自然界的万事万物发出更多的思考与探索。直到数学、医学、天文学等学科的出现，使得哲学的命题走向更多的领域。

[1] 胡适．中国哲学史大纲［M］．上海：商务印书馆，2011:10.

人类一切经典的著作，文学、历史学，包括哲学本身，都充满了人类文明的哲学，充满了人类不断思考的结果。可以说，哲学的思维方法是阅读最基本的方法。

二、中国哲学的阅读智慧

阅读的学问，体现在中国古代的先哲身上，他们会让你看到我国深厚的文化积淀与读书人的思想智慧。

儒家重理，提出格物致知；重视物质上的实用，提出了“用力少，见功多”的原则，并发展出了实学，但同时注重全面的人格发展，反对把人变成物质的工具。儒家的形而上学在以后的理学、心学中得到了发展。儒家除了思考当下，又相当重视编修历史，注重悠久的传统以及传承的作用。

道家思想，是中国非常重要且具有影响力的哲学思想之一。道家，是道德家的简称。道家起源有一说是出于史官。道家还有隐士一类的达观厌世者，他们驱使人们以“达观”来解决人生问题。道家的理论奠定于《老子》（又名《道德经》）与《庄子》（又名《南华经》），这两本著作也是道家主要思想典籍。

道家崇尚自然相处之道，认为以天为道并顺天而行事，就可消灾解祸；人类社会中的难题之所以无法解决，皆是因为干预行为过多，故提倡行为上要遵循规律、无所作为，就可以达到无为养息。道家向往返璞归真的朴实社会，认为人类对事物不应妄加任何人为的作用，回归原来朴素、无知、无虑的境界，达到这个境界，人类的纷争和烦恼即可真正地解脱。

在人生观上，老子主张“清虚自守，卑弱自持”。政治上提出“无为而治”，倾向无为治国，以无为而无不为。道家由人生观和社会观扩展至宇宙论，提出“道”“气”“自然”等哲学概

念。道家的一切理论无不是围绕道而展开的。道既是万物之源，亦是生成万物之根本，亦是天地万物之本性，亦是人安身立命之根据，亦为治国安邦之根本方略。道家强调“游心”，并推崇自由，道家强调“虚心”，并推崇自然。主张要联系性、心、情三者去看待人生。性是指人之先天之本性，突出者为人之先天性之因素；心是指人之内在精神，突出者为人之为人之主体性因素；情是指人之主观情感，突出者为我之为我之情绪感受。有性、有心、有情，故而之为人。道家所追求的人生，即是自然、自在而自由的人生。道家对人之命运，持一种自然的无可奈何的态度。以这样一种态度来对待一切，来保守心灵之宁静、淡泊与自由。道家对于生死，持一种纯自然的态度。值得注意的是，原来“道家”的理念与后来“道教”追求长生不老的做法有所不同；道家并不追求长生，道家只追求自由而自在地活着。道家修养论之主旨是致虚守静。老子首倡致虚守静，庄子则将致虚守静具体化为“心斋”与“坐忘”，进而将致虚守静提升到本体论的高度，而标举“齐物”。

道家哲学，是以天道运行的原理为基础，展开以自然为义理的“道”的哲学。天道运行有其自然而然的原理，道的哲学即在阐明此一原理性内涵，而得以提出认识一个世界运行秩序之无定限、无执着。道家哲学发展的社会哲学，认为社会的存在是个客体，人们是在其中生存的主体，所以应该要有其独立自存的自由性，而不受任何意识形态的束缚。

道家哲学在基本原理上，并不否定儒家的社会理想，但在社会责任的态度认识上存在差异，道家更加尊重人类自主性的态度与存在定位。道家相当重视人性的自由与解放；解放一方面是人的知识能力的解放，另一方面是人的生活心境的解放，提倡以修身达观的生活态度来处理世间事物。道家的社会哲学的思想不是

进取的、积极的，因为社会只是天道的过程，而不是目的本身。道家认为儒家的社会理想是合理的，但不是绝对的，因此基本上并不需要提出一套决定性的社会理想。因为天道变化，本身无所谓绝对的是非善恶之性能，所以道家强调得更多的是在社会中生存的智慧原理，而且这种智慧哲学，必须是在任何历史情境的社会之中，都能行之有效的生存之道。

韩非子提倡的“学本黄老”，将“理”与“道”联结到一起，认为“道”是万物运行的法则所在。在内容上汲取儒家仁义思想，与法家治理之术，产生道法共治格局，成为汉朝早期的黄老之治之学。

道家思想的核心是“道”，认为“道”是宇宙的本原，也是统治宇宙中一切运动的法则。道家的社会哲学不以自己发展目的为局限，特别强调应对的智慧，因此有利于人们休养生息的需求，所以让汉初的黄老之治有了实验的理论基础。与此同时，这种理论观念给失意于儒家本位的官场文化的中国士大夫，留下了发挥的舞台与余地。

道家演变而来的“道教”方士神仙之术，自汉朝张道陵开始，主要以符水禁咒之法示人，成为“道教”之风。

源于道家老庄玄虚之说而产生的“玄学”，又称新道家，是对《老子》《庄子》和《周易》的研究和解说，产生于魏晋。玄学是中国魏晋时期到宋朝中叶之间出现的一种崇尚老庄的思潮。重玄学的最初形成当是先秦两汉与魏晋玄学的产物。“重玄”，语出《道德经》第一章“玄之又玄，众妙之门”。“重玄学”是中国思想史上一股重要的哲学思潮，也是隋唐之际的首部哲学体系，上承先秦魏晋玄学的发展脉络，后启宋明理学的哲学思考，在中国哲学史上具有重要地位。

“重玄”是两晋隋唐时期影响非常大的思潮。是一种纯哲学

思辨，不属于哪一门、哪一派，而是为儒、道、释三教所融摄、所应用。“道家重玄”“老学重玄”“道教重玄”三者，虽相互有所涵盖，但存在的根源不同，所以不可视为一体、混为一谈。

两晋隋唐的“重玄”思想孕育于先秦老庄道家思想，西晋末年的玄学家郭象，在其《庄子注》中第一次提出这种思想的“双遣”“三翻”的典型表述，从而形成以“双遣”“三翻”为特征的重玄理论，其并非受佛教影响而形成，而是为佛学理论所吸收，同时也为道教义理所摄取，因而不能谋求把它归属于某一家某一派。

重玄学继承了先秦两汉老庄学与魏晋玄学，并且通过认真严密的理论分析，建立了中国哲学史上第一个包含本体论、存在论、方法论、修养论、心性论、意义论的完整哲学体系，实现了相当于先秦两汉老庄学与魏晋玄学的老庄学的第三期发展。

重玄学的宗旨与玄学本是接近的，过去人们都知道李唐奉老子为祖先，尊崇道教，兼行儒佛，呈三教合一之局。而在这种局面的背后，却有一种三玄的框架在支撑着，当时官学中的《周易》用王弼注，《庄子》用郭象注，《老子》先后用河上公、成玄英的注疏和唐玄宗的注疏。成玄英和唐玄宗都以倡言“重玄”而著称，宗旨与王弼并无实质性的差异，唐朝官方的“易老庄”的系统，其实质是魏晋三玄之学的翻版。玄学乃是儒道学说的融合体，重玄学也是如此，被中国学人引以为傲的唐代文化，竟与先秦“孔老同根同源”的情况，构成一种意外的前后呼应的关系。

郭象图式较之成玄英图式只省略了一个环节，即“非非有非无”或“非非本非迹”。郭象认为“非有非无”已有“亦有亦无”的意思，成玄英却认为必须经历“非非有非无”的阶段，才能达成“亦有亦无”的结论。成玄英为何定要增设这样一个环节呢？这是由于历史背景不同的缘故。第一，王弼、郭象虽主张“亦有

亦无”“即体即用”，但东晋士人及南朝学者普遍误解王弼、郭象的初衷，极度地崇尚玄虚，荒废具体的事物，故而重玄学者强调对“非有非无”也要“遣之”，引导士人回到“亦有亦无”的思想道路上来。第二，在郭象的正反合的思路当中加设一环，成为“正反离合”。从“正反合”到“正反离合”，可谓一脉相承，其中的变异较小，前后承继的关联至为明显。郭象的学说已具“重玄”之学的雏形，是唐代重玄学的主要思想来源。

唐代官方的经学以《易》学居首，《易》用王弼注；唐代的道学以《老子》为首，《庄子》次之，《老子》注释依归于重玄之义，《庄子》的郭注，则是玄学的代表作。在这里，“易老庄”仍是最重要的经典系统，“易老庄”的学问兼有玄学和与玄学接近的重玄学，与南朝的“三玄”之学实际上很相似。这就是说，玄学的历史较之以往学人的估计更为长久，这段历史不但应当包括南朝时期，还应包括中国人引为骄傲的繁荣的唐代。唐朝官方的基本思想，大致上介于玄学与重玄学之间，可用三玄之学一词来涵盖。

唐朝官方之兼行三教，并不是用道教的仙学来充当核心思想，而是用玄学或重玄学的哲理及政治理论来充当灵魂。三教合一的文化层次是在表面的，更深层次的文化融合乃是玄学或重玄学的儒道合一。在战国以前，儒道本是同源而生，在东汉以后融合于玄学的旗帜下，在唐代又促成更大规模的三教融合，使中国文化进到历史上的繁荣的顶点，造就了这段辉煌的思想史。

宋代儒学的发展，进入一个比较极端的非常时期。

北宋诸儒以周敦颐、张载、程颢、程颐为大宗，上承儒家经典，讲仁与心性，又讲格物穷理。熙宁三年以后，王安石变法引发党争，二程分别退居洛阳，理学在此后七年或十年达到成熟。宋朝南渡以后，儒学分为三派——程颢开胡五峰之“湖湘之学”；

程颐开朱子之学，也就是程朱理学，代表者乃朱熹；陆九渊则直承孟子而开出心学一派。全祖望评价："宋干、淳以后，学派分而为三：朱学也，吕学也，陆学也。三家同时，皆不甚合。朱学以格物致知，陆学以明心，吕学则兼取其长，而复以中原文献之统润色之。门庭径路虽别，要其归宿于圣人则一也。"

北宋中叶以后，道学家的声势愈来愈浩大；南宋前期虽然政府几次三番下令禁止，但并不能阻挡道学的流行和减削它的声望。南宋以后，只有朱陆二系传续不绝。元明之际，朱学进居正统之位，为中国君主社会后期的官方思想。

惠栋在评《毛诗注疏》时说："宋儒之祸，甚于秦灰。"什么意思呢？惠栋认为，宋代的程朱理学，一枝独大，不能说导致了学界的万马齐喑，但起码诸子百家争鸣、百花齐放的时代再也找不回来了。

到了明代，出现了一股心学的清流，在沉闷的学界掀起了串串浪花。从陆九渊开始，陈白沙提出"自然为宗""宇宙在我""学贵自得"的哲学思想，到王阳明于明朝中叶创立致良知之"阳明学"，集心学之大成。明代与王阳明齐名的，还有一个创建"甘泉学派"的心学大师湛若水。到明末，刘蕺山呼应胡五峰，而盛言以心着性之义。明末王学亦走入末流，一蹶不振。黄宗羲说："明人讲学，袭《语录》糟粕，不以六经为根柢，束书而从事于游谈。"

清朝程朱理学受封官方。理学在清初以后走入空谈，严重脱离实际，变成以学术为工具博取政治利益的手段。康熙二十一年，康熙帝读了崔蔚林的文章，说"岸然自负为儒者"实在"可鄙"。又说："伊以道学自居，然所谓道学未必是实。闻其居乡亦不甚好。"康熙说"今视汉宫内，务道学之名者甚多，考其究竟，言行皆背"，"在人主前作一等语，退后又别作一等语"。

但是尽管如此，为了维护天下大局，清代还是在康熙五十一年下令，把程朱理学定为官方之学术。

有学者认为，中国近代没有自己的哲学，正处于迷茫的一代。

在读书的时候，当你了解了我国哲学文化的来龙去脉，无论是选择图书、制订阅读计划，还是实施你的阅读计划，都要始终有一根清晰的路线图，有着不畏浮云遮望眼的境界，实事求是，不唯上、不唯书，在不断地思考中形成自己独立的思想。

三、西方哲学的概念

西方哲学是拥有相同历史传统和统一概念体系的哲学体系，在马克思主义哲学形成之前，大约经历了古希腊罗马哲学、中世纪哲学和近代哲学三个时期。

（一）古希腊罗马哲学

古希腊罗马哲学大体上又可分为三个阶段：

一是公元前 7 至公元前 6 世纪，哲学家们重视宇宙本原的研究，这个阶段的哲学被称为自然哲学。由于对世界本原的回答不同、哲学家居住的地区不同，形成了米利都学派、爱非斯学派、毕达哥拉学派、爱利亚学派等。米利都学派以“水”“无限定”“气”为世界本原；爱非斯学派的赫拉克利特认为，世界万物都是符合规律地燃烧和熄灭着的火；毕达哥拉学派把“数”视为事物的原型，认为数构成宇宙的“秩序”，“凡物皆数”；爱利亚学派把千变万化的世界归之为虚幻的假象，认为唯一真实的东西是“存在”；“存在”是单一的、有限的、不变的、不可分割的。

后期的自然哲学家们又提出了“四元素”（水、火、土、气）、“种子”“原子”等概念，以探求世界的本原；有的则进一步探求世界运动变化的原动力，认为有一种最精细的、能动的、物质

性的东西“奴斯”，促使热和冷、干和湿等相对应；“种子”，从原始混合体中分离出来，开始运动，并构成无数的宇宙和具体事物。

二是公元前 5 世纪，古希腊哲学的重点由研究自然转移到了研究人。这时的智者不相信有真正的存在和客观真理，普罗泰戈拉认为，一切都同样真，是非善恶是相对人的感觉而言的（“人是万物尺度”）；高尔吉亚又认为一切都同样假。自称为“爱智者”的苏格拉底认为存在着客观真理，认识真理也是可能的；真正的知识是从具体的道德行为中寻求各种道德的普遍定义；寻求定义的方法就是论辩诘难。

三是公元前 4 世纪，古希腊哲学进入系统化阶段，代表人物有柏拉图和亚里士多德。柏拉图提出了理念论（“理型论”），认为现实的、可感知的世界不是真实的，在它之外存在着一个永恒不变的、真实的理念世界。理念是个别事物的“范型”；个别事物是完善的理念的不完善的“影子”或“摹本”；以个别事物为对象的感觉，不可能是真正知识的源泉，而真知是不朽灵魂对理念的“回忆”。亚里士多德不同意柏拉图的理念论，他把理念称之为“形式”，认为“形式”不能脱离个别事物而独立存在，形式是事物的本质，存在于事物之内。具体事物是由质料因、形式因、动力因和目的因构成的。质料与形式结合的过程，是潜能转化为现实的运动。但他又提出了一个事物最后的目的、运动最终的原因“第一推动者”，认为它是一个没有质料的形式[1]。

亚里士多德去世后，希腊文化逐渐与罗马文化相结合，在八百多年的时间里，出现了很多哲学流派，主要有伊壁鸠鲁学派、斯多阿学派和以皮浪为代表的怀疑论等。它们在前人思维发展的基础上进行了比较深入的探讨，并涉及了伦理问题及宗教问题。

[1] 梯利．西方哲学史 [M]．葛力，译．上海：商务印书馆，1995：7.

在古希腊罗马哲学系统化阶段，亚里士多德创立的形式逻辑，为传统逻辑打下了坚实的基础。

（二）中世纪西方哲学

欧洲中世纪，天主教在世俗生活和精神生活各方面都占据了统治地位，哲学成了神学的婢女，它的作用是为信仰做理性的解释。5 ～ 10 世纪是中世纪哲学的早期，这段时期哲学研究的重点是关于普遍与个别的关系问题。

后期罗马哲学家波爱修，非常重视具有多样性的个别事物的真实性，认为共相存在于个别事物之中，其本身不是物质性的。爱尔兰的哲学家爱留根纳认为普遍的整体是最真实的，神就是总体，它创造一切，包罗一切，又超越一切。神与万物不同，万物是神的部分，神又在万物之中。11 世纪初至 14 世纪初，在中世纪早期哲学思想的基础上，形成了唯名论与实在论两个派别。

以法兰西经院哲学家罗瑟林为代表的唯名论认为，只有个别的东西有实在性，个别先于普遍，普遍只不过是名称，“共相”不过是人所“发出的声音”，实际上并不存在。这种思想反映在宗教上，否认了三位一体的最高的神，只承认分别存在的圣父、圣子及圣灵。

以基督教哲学家安瑟尔谟为代表的实在论认为，真实存在的是“共相”，不是具体的个别的事物，有一个“无始无终的真理”存在于一切事物之先。这种思想反映在宗教上，承认普遍的教会存在，认为个别的教会是从属的；承认基督教的普遍教义存在，认为个别人的信仰是从属的；承认原罪存在，认为个别人的罪恶是从属的；承认三位一体的最高的神存在，认为三位分离的神是从属的等。

14 世纪初至 15 世纪中，由于教会的衰微和自然科学的发展，正统的经院哲学日趋没落，哲学愈益脱离神学，个人自由的思想

开始萌发，中世纪哲学逐渐向近代哲学过渡。

（三）西方近代哲学

西方近代哲学是随着人类的自我觉醒而形成的。这个时期，文艺复兴颂扬积极生活，崇尚理性，人们不再迷信神学和权威，思想从宗教的彼岸世界返回到尘世，从而发现自然，也发现人自身，开始追求知识，渴望个人自由。

15 至 17 世纪初是西方近代哲学的第一阶段。这一阶段的研究中心是人和自然，形成了人文主义和自然哲学两股互相联系又有一定区别的思潮。人文主义主张以人为中心，一切为了人的利益，反对灵魂不朽之说和禁欲主义。自然哲学的代表人物一般都主张用经验观察的科学方法，代替经院哲学的推演方法。意大利的特莱西奥认为，物质是永恒的，热和冷的对立作用是物质运动的原因；布鲁诺认为宇宙是无限的，太阳系只是其中的一部分，自然界即是神，它由单子构成。单子是物质和精神、质料和形式的统一体。自然哲学的代表人物中不少人是自然科学家，他们的科学研究往往与魔术、炼金术、占星术混在一起，使他们的哲学思想带上了不少想象和虚构的成分。

17 世纪初至 18 世纪末是西方近代哲学的第二阶段。这一阶段哲学的注意力集中在认识主体与认识客体的关系方面，形成了经验论和唯理论两个派别。以培根和洛克为代表的唯物主义经验论认为，后天获得的对外部世界的感觉是认识的来源，感觉是可靠的。培根承认自然界是物质的，物质是能动的、多样的，认为掌握知识的目的是认识自然和征服自然，知识就是力量；洛克认为心灵是一块“白板”，观念是外界事物在白板上留下痕迹的产物。以斯宾诺莎为代表的唯物主义的唯理论认为，认识的对象是客观存在的自然界，只有理性才能把握它，感觉经验不可靠。斯宾诺莎把自然界视为唯一的“实体”，认为思维及广延是统一的

唯一实体的两种属性，个别事物是实体的变形，只有通过理性把握了唯一的实体，才能认识个别事物。

以笛卡尔和莱布尼茨为代表的唯心主义唯理论认为，只有在一个完全清楚明白无可怀疑的公理的基础上，经过理性认识能力进行清楚明白、准确无误的推理，才能得到真正的知识。笛卡尔提出了“天赋观念”说，认为人的理性认识能力是天赋的，不证自明的第一公理也是人生固有的、天赋的。不过，他除了承认精神实体独立存在外，还承认独立存在的物质实体，并把这两个相对的独立的实体统一于一个绝对的实体“上帝”。莱布尼茨进一步发展了笛卡尔的思想，认为一切观念都是天赋的，但起初是作为倾向、禀赋、习性或自然的潜能存在于人们心中，须经加工才真正显现出来。以贝克莱和休谟为代表的唯心主义经验论认为“存在就是被感知”。贝克莱断定世界上除了感知的精神实体和被感知的知觉之外，什么也没有；休谟则进一步认为真实存在的只有知觉，经验由知觉构成，知觉以外的东西都是不可知的。18 世纪，除了存在唯理论和经验论的争论外，对西方哲学的发展有较大影响的还有一批法国启蒙思想家和百科全书派的唯物主义哲学家。

总体来看，西方近代哲学第二阶段带有机械的、形而上学的特色。

从 18 世纪末的康德哲学起，西方近代哲学进入第三阶段，哲学史上称之为“德国古典哲学”，主要代表有康德、费希特、谢林、黑格尔和费尔巴哈。

在世界哲学发展的历史中具有一定影响的哲学系统，还有朝鲜哲学、日本哲学、巴基斯坦哲学、斯里兰卡哲学、越南哲学、伊朗哲学、阿拉伯哲学、俄罗斯哲学及其他地区的一些哲学。

它们或多或少都受了三大哲学传统的影响，又具有各自哲学思维方式的特点。其中，阿拉伯哲学在中世纪起到了向西欧传播

亚里士多德哲学的媒介作用，它对亚里士多德哲学亦有重大发展，成为世界哲学发展史中的重要环节。

人类整个世界的哲学，特别是马克思主义哲学的产生，为我们打开了全方位看待人类文明世界的视野，这对于阅读者来讲，是一门必不可少的功课。

第三节　阅读的未来

阅读的目的，在于学以致用，在于能够切实可行地提高自身的素质。在具备了阅读的基本技能与条件，制订了阅读计划以后，关键要看怎么落实执行，才能收到比较理想的效果。对阅读的内容进行思考总结，是阅读的最后一个环节。

人类在历尽风雨进化到现代文明以后，特别是进入信息时代科技高速发展的今天，人们面对的是机遇与挑战并存的时代。一方面量子科技、生物科技、智能化等一系列新技术的开发与使用，让我们充分享受到了科技带来的方便；另一方面，科技带来的巨大变化，让人们的内心也在思考，甚至疑虑重重，人类究竟要向何处去？地球的承载力就那么大，水资源、石油能源、煤炭资源、土地资源、植物资源如何合理开发与利用？环境日益恶化，亟待保护的问题已经不是什么杞人忧天的事情了。

也许有人会问，这些与阅读又有什么关系？这正是一些有识之士所担心的未来人文精神的境遇，以及人们对于读书的态度、观念等问题所在。

一、阅读的文化渊源

考察人类阅读的历史，我们可以肯定的是，无论阅读观念如何变化，书总是要读的。书籍作为人类文化文明遗产的精华，在历史上起到了不可替代的纽带、传承作用。

中国的传统文化历史悠久，祖先告别刀耕火种，从荒原中一步步跋涉而来，历经艰辛形成中华民族这支血脉相连的大家庭。中国成为拥有完整历史链条的文明国家，实属不易。中国的历史曾经烽烟四起，分分合合，历经挫折与磨难，特别是在农耕社会向近现代社会转型的过渡时期，更是跌宕起伏。

黄河被称为中华民族的母亲河，这是因为在黄河流域孕育了我们的祖先，这是中华民族的发源地，祖先们在黄河中下游逐水而居，繁衍生息，在中原大地建立了自己的家园。

五帝时代大约是从公元前 26 世纪开始，历经黄帝、颛顼、帝喾、尧、舜，前后 500 年，到了公元前 22 世纪的夏朝时代，这期间的 500 年，我们知道尧舜的历史故事，关于帝位的禅让制度，这就开始形成了人类的文明，这就是中华民族文化的根源。遗憾的是，三皇五帝的时代，离我们太远了，给后代的子孙留下了太多的谜团。

夏朝从公元前 21 世纪开始，从禹到夏桀历经 17 代帝王统治，到公元前 17 世纪初结束，历经 400 年。这个禹帝，就是我们耳详能熟的大禹治水故事里面的那个大禹。大禹治水三过家门而不入的精神，至今鼓励着为了家国无私奉献的人们。

商从 17 世纪初到公元前 11 世纪，从商汤开始到纣王前后历经 30 代，跨度 500 年。就像 500 年前夏桀无道一样，到了纣王统治时期已是百姓怨声载道，等着改朝换代了。

周从武王姬发开始，从公元前 11 世纪到公元前 256 年，前

后大约八百多年，历经 37 代帝王。周王朝统治时期，又分西周、东周，西周统治了 300 多年，东周到朝代结束经历 500 多年。中国历史上通常把这段时间称为春秋战国时期。这一时期，随着东周政权削弱，天下诸侯群雄并起，形成了相对独立的诸侯国，最终形成了秦、楚、齐、燕、韩、赵、魏战国七雄争霸的局面。

值得注意的是，从周朝开始，特别是周朝灭亡的时间，已经清楚地标明为公元前 256 年，历代帝王的传承年限也都非常具体。自此，中华民族的文化历史，有了比较清晰的记载。从黄帝纪年开始，到东周公元前 256 年，其间历经两千三百多年，中华儿女开疆拓土，直到公元前 221 年，秦朝在战国的硝烟中灭六国终成霸业，正式建立一统天下的帝国。

春秋战国时期，在中国文化发展史上，是个了不起的时代。诸子百家争鸣，各种思潮纷纷涌现，道家、儒家、法家等思想犹如璀璨的明星，照亮了中华文明大地的夜空，诞生出一批伟大的思想家。

中国的传统文化里面，具有三大支柱内容的儒释道三家经典里面，其中释家也就是佛家哲学一开始是属于外来的文化，晚于道家、儒家创建的时间。老子的《道德经》、孔子的《春秋》就是这一时期出现的代表作。

在以后的朝代更迭中，我们看到继秦朝以后，西汉、东汉加起来前后 400 多年的历史，留下了很多具有文化价值的历史文献；魏晋南北朝时期，以玄学为代表的哲学不断得到发展；唐朝的文化尤以众多的诗人与诗歌最为璀璨；到了宋朝，程朱理学进一步奠定了孔孟文化的传统地位；直到元明清三朝，元朝统治不到 100 年，明朝大约统治 300 年，清朝统治的时间大约也是 300 年。1911 年中华民国成立，至此中国结束了封建统治时代。

在上下五千年的文明历史里，我们看到文化的繁衍创新，书籍的传承、读书精神的传承，在历朝历代的演变中所发挥的重大作用。

二、阅读的体裁归类

阅读的归类是指对于阅读对象题材、内容的归纳，落实阅读的计划执行情况。在制订读书计划的时候，不管是个人还是团体单位，往往比较宽泛笼统。随着时间的推移，读书计划会根据变化了的情况进行调整。这种变化可以是个人本身的思想变化，职业改变，兴趣的变化；再就是大的社会变革，自然科学的不断进步等。就时间段而言，人一生的读书计划也会随着自己年龄的变化，进行不断的调整。

在阅读的过程中，读书人切不可忘记了文化的传统与渊源，同时对于阅读的内容，要有一个清晰的概念和归类。关于阅读内容的分类，除了图书分类法所包含的内容，还有图书以外的报刊、现代媒体的信息等内容。读者可以根据自己的实际情况进行阅读分类。

阅读的归类应该按照图书的分类标准进行划分，也就是关于图书分类的方法。

一般情况下，图书的分类应该以哲学思想为指导，根据学科、书籍的内容、用途与作用等进行，分清大的方向，然后在这个大方向内，按照大类包含分类，分类辖属小类，指导具体数目的原则，逐级划分出书籍的编号。

1876 年，美国的图书馆学专家麦尔威·杜威，经过多年研究历经数次修改，发明了“杜威十进制图书分类法”。杜威十进制图书分类法的产生，经过几次反复，最早在 1873 年时 Melvil

Dewey 有此分类构想，直到发表以后，又经历了 22 次大的修改，得到不断完善。先后被世界上一百四十多个国家的图书馆使用，并且被翻译成 30 种语言。

中国的图书分类办法简称“中图法”，从 1971 年开始编制，最终在 1975 年出版使用。1979 年 7 月成立中国图书馆图书分类法编辑委员会进行修订，1980 年 6 月由书目文献出版社出版第 2 版，1990 年出版第 3 版，1999 年由北京图书馆出版社出版第 4 版。2010 年 9 月由北京图书馆出版社出版第 5 版。

中国图书馆分类法，简称“中图法”，现为第 5 版。包括马克思列宁主义、毛泽东思想、哲学、社会科学、自然科学、综合性图书六大部类，22 个基本大类。

对于现在实行的中国图书馆分类法，鉴于当时的（20 世纪 60 年代）历史局限性，有学者认为随着时代的进步与发展，有些内容需要进行修改与更新，特别在实用性方面，需要改革分类的方法。从目前我国图书出版事业的发展情况看，图书的出版量逐年加大，图书类别不断增加，一些书目的科目界定不是很清晰，而且随着时代的进步与发展，一些书籍的内容出现了比较模糊的边界，这就给图书的分类带来了一些困惑。所以，图书的归类，应该与时代的发展相适应，与世界图书事业的发展同步进行，不可人为地制造图书划分的障碍与不便，这样既不利于图书事业的发展，也不利于读者进行快速有效的查阅。

阅读的比较过程，就是思考的过程。通过阅读物的比较，得出读者想要的结果。比较的方式方法非常重要，这也是阅读的一个重要技能与修养。

第一，阅读体裁。按照目前的图书分类法，共有 22 个基本大类，在这些大类里面又有很多的学科分类。所谓博览群书，一是指对于历史、哲学的典籍阅读，这些书籍都是绝大多数读书人需要认真挑选的内容；在历史书籍的选择中，要注意传统经典文本的选读，比如《四库全书》所选择的书目。哲学书籍的选择，要注意中国与世界哲学书目相结合，以经典书目为主。二是文学体裁的作品对比挑选。文学的分类一般分为诗歌、散文、小说、戏曲、报告文学、人物传记、电影电视剧本等体裁。

散文又分记叙、抒情、议论等形式，抒情散文的写作手法介于诗词与小说之间，立意高雅语句优美清新，读来心情舒畅，给人诗情画意的感觉，犹如徐徐春风、夏花摇曳、秋风飒飒、漫天飞雪……

小说的写作以人物故事的情节为描述对象，要求人物性格鲜明、形象饱满，故事情节生动曲折，富于生活气息，具有一定的社会代表性。小说根据文字的多少分为短篇、中篇、长篇，故事内容也会根据情节需要进行合理安排。还可以分为历史题材、现实题材、科幻题材、爱情题材等。

戏曲在题材上分为古典戏曲、现代戏曲，在内容上又分为喜剧、悲剧、正剧。报告文学、人物传记的写作要求在尊重真实原型的基础上，利用文学的手法描述传主的生平事迹，必须是真人真事，不能进行过度的夸张与虚构。现代电影、电视剧本的写作，是在吸取小说、戏曲写作手法的基础上进行的剧本创作。

第二，对于一些专业书籍的比较分类，一般是指理工科技类的书籍阅读内容；包括数学、物理、化学、生物学、建筑工程学、计算机科学等内容，阅读这些书籍的时候，需要注意这些专业最前沿的内容，避免出现学术观点陈旧、过时的情况，包括一些定律的新定义、新阐述等，都要与阅读书籍的内容进行比较鉴别，防止出现错误的内容。

第三，对于报刊阅读物的选择，需要注意媒体的权威性，确保阅读内容的真实性与代表性。报纸、期刊的分类根据编辑

内容分为综合性报纸、期刊和专业性报纸、期刊。在出版周期上，报纸分为日报、周报等，出版的版数根据新闻信息的多少决定，采取散版发行，一般不进行装订；期刊分为周刊、月刊、季刊等，出版页码根据设置的栏目确定，采取装订成册的方式进行发行。

现代信息社会，随着一些电子新媒体的出现，人们阅读新闻信息的渠道进一步拓宽，新闻信息的时效性发生了天翻地覆的变化。现在，由于网络的发展，以手机为载体的移动媒体，可以在任何时候发布随时发生的新闻信息，大大提高了新闻信息的时效性。

第四，书评与读书笔记的比较。书评是指对书籍的评论，一般由事先阅读该书的作者、特约评论员或者出版社写作，是对书籍内容的综合评价。读者在阅读书籍之前，一般都会寻找需要阅读书籍的书评，选取自己需要的阅读书目。读书笔记则是读者在阅读以后，根据自己对于书籍的感想写成的文章。读书笔记的内容包含着对书籍的评价与观点。无论阅读什么书籍，阅读物是什么题材，哪怕是纯属消遣性质的阅读，阅读者总会在脑子里产生一些想法。读者把这些想法整理总结出来，变成读书笔记、书评、读后感之类的文字，就形成了阅读总结。

三、阅读的未来

在明晰了阅读的概念，研究了阅读的发展经历后，我们知道阅读这门学问不仅仅是阅读的本身所决定的，涉及面很广泛。阅读是动态的、发展的，阅读学也会随着社会发展而不断完善与进步。阅读者不能沉浸在旧有的阅读模式之中，无视新的阅读方式方法。所以，如何认识阅读的真正意义，面对未来做好阅读的学问，读好书，多读书，多思考，是广大读者面临的新考验。

第一，处理好继承与发扬的关系。继承和发扬优秀文化传统，学好历史，读经典、读原著，不断提升自己的文化素养，坚定中华民族生生不息的文化自信观念。

如何继承中华民族的优秀文化，首先需要弄清楚什么是优秀传统文化，文化的根在哪里？中华民族传统文化的核心与精髓是什么？实事求是地分析，要想确切地回答这个问题的确很难，难在中华民族传统文化博大精深，不是一两句话就能概括出来的。其实从另一个角度回答也不复杂，因为千百年来不知多少哲人已经在回答着这个问题。

“天行健，君子以自强不息；地势坤，君子以厚德载物。”这两句话出自《周易》。何为易？日月交替，生生不息谓之易。中华民族勤劳勇敢、富有智慧，在各种实践中形成了自己特有的文化传统，表现为一种独特的人文精神。说得具体一点，中华民族在进化的过程中以人为本，以血缘家族为纽带，坚守仁、义、礼、智、信、孝、悌、廉、耻的做人原则，自力更生，俯仰天地，依附万物自然之法，形成了自己的思想观念。中华民族慎终追远，表现为一种朴素直观的人文信仰，因为祖先是我们的亲人，会保佑我们风调雨顺、生活美满、子孙满堂、健康长寿。

中华民族的优秀文化讲的是言传身教，书香门第，耕读传家；讲的是达则兼济天下，穷则独善其身；讲的是先天下之忧而忧，后天下之乐而乐；讲的是读万卷书，行万里路。这些都是求实问真的人文情怀的体现。

道家文化，以老子的《道德经》、庄子的《南华经》为代表，谈天说地，论道于心，玄之又玄，精辟绝伦，洋洋洒洒，把人生观、世界观、价值观讲得明明白白，虽然鲲鹏展翅九万里，气象万千。天之道，利而不害。圣人之道，为而不争。

儒家文化，以“四书五经”为代表，后经儒家学者不断发扬光大，成为中华民族传统文化的符号象征。

关于佛教文化对于中华民族的影响，主要体现为小乘、大乘思想境界。佛教产生于公元前 5 世纪左右的印度，传入我国的时间大约在西汉末年。从时间上看，比我国的道家文化、儒家文化要晚五六个世纪。佛教在中国的传播，对于中国人的影响较大，体现了中华民族对于外来文化的包容性。

第二，睁开眼睛看世界。东方有圣人，西方有先哲。老庄哲学、孔孟文化，深深地影响着中华民族的思想观念，对社会人文精神的发展起着根本性作用。西方先哲柏拉图等人的哲学智慧，对于西方乃至世界人民思想观念的形成，有着很大的影响。特别是在欧洲文艺复兴以后，欧洲的文化艺术得到蓬勃发展，随之带来了工业化的浪潮，科学技术的兴起，极大地促进了社会的全面发展与进步。

作为读书人要打开视野，放眼世界，学习全人类所有优秀文化的精华，内外兼修，既不自卑，也不盲目自以为是。在制订读书计划的时候，在文学、历史、哲学方面都要考虑整个人类文明的遗产精华；在每一类题材、每一门学科上，都要关注每个民族先进文化的发展情况，不可失之偏颇，妄自菲薄。

在进行阅读的时候，读者可以进行中外历史的、文学的、哲学的鉴别与比较，强化文化交流意识。特别是对于近代以后中国逐渐落后于世界文明国家的现实，要关注西方科技发展的历史与动力，包括社会结构的变化与发展，以及政治、经济、文化领域的变革。要深度思考在近代西方进入“蒸汽机”时代之时，曾经长期领先的中国，为何悄然不觉地进入保守与衰落的境地？这是读者不得不思考的问题。

第三，处理好传统阅读与现代阅读的关系。面对信息时代科技发展日益发达的今天与未来，阅读物的发展变化，阅读方式方法的变化，应保持定力。

阅读是一种文化行为，是一种高尚的精神消费与享受。但认真读书，又不是那么轻而易举的事情。“书山有路勤为径，学海无涯苦作舟”，下不了苦功夫，用不了真心劲，想着得来全不费工夫，恐怕很难做到。不管你是阅读传统纸质经典书籍文献，还是现代电子图书文献，就某种阅读物的内容而言，其实质是一样的，只是阅读的方式发生了变化而已。

你喜欢什么样的读书方式？

在现代社会紧张的工作、生活节奏中，在上班前后或是途中的短暂时间，你可以通过便携式阅读器，阅读新闻信息类；大块时间可以打开书本进行很有仪式感的、饶有兴趣的阅读；在办公室的专业人员，可以进行研究式阅读；你还可以坐在电脑旁，利用电脑与书籍资料进行并联式、比较法阅读。

但是，在现实的情况中，人们阅读的内容会受到“速食文化”的困扰。

什么是速食文化？传统的概念里面，一是指对于报刊新闻类文章的阅读内容，由于信息交流与沟通的需要，人们经常进行浏览阅读，达到大概了解的目的。二是对于消遣性读物的阅读，早期的神话故事、民间传说，是近代出现的一些“言情志怪”、武侠之类的小说等。也就是说，速食文化不是现在才出现的现象，所以才有了先贤对于多读书、读好书，少读闲书的倡议。

在电子阅读时代，这种“速食文化”的现象显得更加突出，表现形式也更加多样化。表现形式、传播渠道、阅读方式方法、阅读时间等都在发生变化。

一是由于信息量加大、阅读物数量暴增，人们选择的余地大了，古今中外、天文地理、笑话段子等琳琅满目，会让一些读者无所适从，往往在不知不觉的浏览之中，耗费了大量时间也没有找到自己需要的读物，最后两手空空，满脑子没有一点收获的感

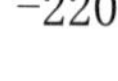

觉，这是一种典型的“浏览阅读”综合征。二是网络小说的兴起，使一些读者沉迷于那种虚拟的故事情节而不能自拔。现在一种普遍的现象是，相对于传统纸质书籍等阅读方式，人们更倾向于电脑、电子阅读器、手机等阅读方式。甚至对于电脑面前的阅读也不再那么坚持，而更多的是在“刷手机”。刷手机的目的，表现在看短信、微信的消息，还有微信朋友圈的故事与段子。当然，手机可以上网，网络上也有很多可以选择的内容，有很多公众号的文章也可以阅读；可以是经典的，也可以是消遣的，看你自己的选择。

严格意义上讲，任何阅读都是由读者根据不同的学习目的，选择书目、调节读书环境、控制阅读节奏，在阅读过程中实现阅读价值，进而陶冶人们的情操，提升自我修养。那种毫无目的、麻醉式、消遣式的阅读，则很难收到预期的读书效果。

所以，阅读是一种选择、理解、领悟、吸收、鉴赏、评价和探究作品的思维过程。在信息时代科技发展带来人们生活便利、物质相对丰富的今天，要警惕新的读书无用论的思想，读好书、多读书、多反思，努力学习，树立文化自信，加强文化建设。

阅读、思考、创新思维，不仅可以改变观念、获取知识，还可能改变自己的命运，改变国家民族的命运。

参考文献

[1] 中国出版科学研究所．编辑实用百科全书 [M]．北京：中国书籍出版社，1994.

[2] 彭建炎．出版学概论 [M]．长春：吉林大学出版社，1992.

[3] 诺曼•麦克雷．天才的拓荒者：冯•诺依曼传 [M]．范秀华，朱朝晖，译．上海：上海科技教育出版社，2008.

[4] 顾明远．教育大辞典 [M]．上海：上海教育出版社，1998.

[5] 乔姆斯基．乔姆斯基语言学文集 [M]．宁春岩，等，译．长沙：湖南教育出版社，2006.

[6] 乔姆斯基．乔姆斯基语言哲学文选 [M]．徐烈炯，等，译．北京：商务印书馆，1992.

[7] 史蒂文•罗杰•费希尔．阅读的历史 [M]．李瑞林，等，译．北京：商务印书馆，2009.

[8] 金波．青少年国学启蒙读本：三字经 [M]．哈尔滨：东北林业大学出版社，2012.

[9] 陈旭光．艺术的意蕴 [M]．北京：中国人民大学出版社，2000.

[10] 王余光．图书馆阅读推广研究 [M]．北京：朝华出版社，2015.

[11] 俞君立，黄葵．《中国图书馆图书分类法》（第三版）专类复分表设置与使用方法试释 [J]．图书情报知识，1990（1）.

[12] 汪东波．《中国图书馆图书分类法》（第三版）修订工作概述 [J]．北京图书馆馆刊，1998（4）.

[13] 龙协涛．文学阅读学 [M]．北京：北京大学出版社，2004.

[14] 曾祥琴．阅读学原理 [M]．河南：大象出版社，1992.

[15] 外山滋比古．阅读整理学 [M]．吕美女，译．北京：北京联合出版公司，2014.

[16] 黄葵，俞君立．阅读学基础 [M]．武汉：武汉大学出版社，1996.

[17] 胡谷中．阅读学散论 [J]．运城学院学报，1995（1）．

[18] 莫提默·J．艾德勒，查尔斯·范多伦．如何阅读一本书 [M]．郝明义等，译．北京：商务印书馆，2004.

[19] 乔姆斯基．句法理论的若干问题 [M]．黄长著，林书武等，译．北京：中国社会科学出版社，1986.

[20] 张岂之．中华人文精神 [M]．西安：陕西人民出版社，2011.

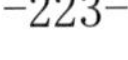